毕宝魁 主编

唐宋八大家故事丛书

柳宗元故事

尹 博 著

長春出版社

全国百佳图书出版单位

图书在版编目(CIP)数据

柳宗元故事 / 尹博著. — 长春:长春出版社,
2013.1(2017.6 重印)
(唐宋八大家故事丛书 / 毕宝魁主编)
ISBN 978-7-5445-2606-7

Ⅰ. ①柳… Ⅱ. ①尹… Ⅲ. ①柳宗元(773~819)—
生平事迹—通俗读物 Ⅳ. ①K825.6-49

中国版本图书馆 CIP 数据核字(2012)第 270842 号

柳宗元故事

著　　者:尹　博
责任编辑:孙振波
封面设计:尹小光

出版发行:長春出版社　　总编室电话:0431-88563443
发行部电话:0431-88561180　　邮购零售电话:0431-88561177
地　　址:吉林省长春市建设街 1377 号
邮　　编:130061
网　　址:www.cccbs.net
制　　版:渲彩工作室
印　　刷:吉林省良原印业有限公司
经　　销:新华书店

开　　本:165 毫米×230 毫米　1/16
字　　数:96 千字
印　　张:10.5
版　　次:2013 年 1 月第 1 版
印　　次:2017 年 6 月第 3 次印刷
定　　价:23.00 元

总序

一切功名利禄、荣华富贵都是暂时的，如过眼烟云，随着肉体的死亡而同时远去。只有道德文化是永恒的，精神产品永不磨灭，在历史上曾产生过巨大影响的精神产品更是如此。它们如同日月光耀长空，如同江河长流大地，将与人类的存在长相终始。

在精神产品中，最易流传，对后世影响最大者当数文学作品。曹丕说："盖文章，经国之大业，不朽之盛事。年寿有时而尽，荣乐止乎其身，二者必至之常期，未若文章之无穷。"李白说："屈平辞赋悬日月，楚王台榭空山丘。"杜甫说："尔曹身与名俱灭，不废江河万古流。"韩愈说："李杜文章在，光芒万丈长。"都是此意。春秋时期提出的"三不朽"观念中，道德文化便是其中的主体和核心。

中国古代的主流文学是诗文，即诗歌和散文。散文发展中，对后世影响巨大，直到如今依然被人们喜爱并津津乐道的莫过于"唐宋八大家"。但是，唐宋八大家离我们已千年，千年的历史进程将他们与我们的生活状态拉开很大的距离，我们对他们已很生疏，要真正理解他们的思想、性格以及反映在作品中的喜怒哀乐，就必须走近他们。

无论多么伟大的文学家，都是人不是神。他们与我们有许多相似的经历与情感，有许多相似的苦辣与酸甜，甚或遭遇过同样的坎坷与挫折，受到过同样的磨难与熬煎。古今的人性是相通的，故我们才有可能感知他们，走近他们。本着以今溯古，以己度人的精神，我们可以拨去历史的灰尘，用平等的眼光来看待这些历史文化的伟人，进入到他们的生活中去，与他们同呼吸共命运，使他们的精神复活，成为我们的知心朋友，成为我们现代精神家园中的楷模。

为此，我们设计了这套选题，为唐宋八大家中的每个人创作编撰一个故事集，从其人生中截取最能表现其性情、最有故事情节的事件，通过简明精炼的文笔描述出来。我们要求作者把严谨的学术研究和生动的文学创作结合起来，在对传主生平事迹进行坚实考证的基础上再进行合理的想象和虚构，写成既有学术性又有可读性的文学故事。为人们了解八大家之人品、之才气、之作品搭建一个桥梁，为阅读和学习写作创造一点氛围。

阅读欣赏是享受前人之成果，而更重要的是创作出文学的精品来供后人阅读和欣赏，这样才能在文化的长河中不断注入新的水流，因此更重要、更有实际意义的是创作。孔子曰："苗而不秀者有矣夫！秀而不实者有矣夫！"我们需要的不是苗，也不是秀，而是实。

为使这套书能够达到我们设计的要求，我们请很有学术功底而又有文学创作能力的中青年学者来执笔撰稿。虽然每个人的学术修养和写作风格各不相同，但本套丛书的总体结构还是基本一致的。

但愿本丛书能够给读者诸君带来一定的启迪和补益，则善莫大焉！

毕宝魁

2012年9月22日识于三千斋

前 言

这个时代，以天下为己任的人还有多少？以天下为己任，明知不可为而为之的人还有多少？回望柳宗元，并非反衬我们志向的褊狭，而是让我们每个人多一次反思的机会：在为一己私利匆忙奔走、蝇营狗苟的状态中，我们真的还做着自己吗？我们被什么驱使着，停止不了不断索取的脚步？我们又该如何找回自己？

反思总会让人正视自己的孤陋和渺小，这在写和读柳宗元的过程中得以完成。在史料中逡巡，为他一身伟岸而振奋，为他一世的孤往而感慨，为他身陷困境的遭遇而伤怀，更为他坚持着自己而赞叹。柳宗元给予我的，在写他的过程中一一收获；而在读他过程中的你，能否也收获这些？我难以预测。因为我是在写到尾声时才真正理解柳宗元，有些想法无法更改，也来不及更改。只希望这本书能提供给你一个接近柳宗元的平台，你同他对话，同时映照出自己的灵魂，成为你自己，做你自己，而后拓展自己的怀抱，修身、齐家、治国、平天下，以及在困境中如何面对自己，坚持真理。

中国的儒与道给士人提供了仕与隐的双重价值观，让他们进退自如，乐在其中。柳宗元却超出苑囿，自成一道。他从未退缩，坚持一己之力可以改写历史；当事态陡转，他拒绝退避三舍，厌弃全身而退的油滑，以一己之力对抗着炎凉。他始终为他自己负责，无论是精神上的还是理论上的。他在自己的信仰中永生。

因此，我们读柳宗元，学习他的求知若渴、坚执不屈、拼搏奋进、勇于付出的精神。倘若我们每个人都拥有这种不断前进的力量，这世界就依然向着光明迈进。纵然我们永不能达到，却依然可以为这世界点亮一盏指路的灯。

用我们的灵魂之光点亮我们心灵的灯，与古代的灯光相和呼应连接，并把这灯光传向永远。

尹　博
壬辰年孟秋识

目录 | CONTENTS

1　生逢战乱定姻缘

“安史之乱”后的第十个年头，柳宗元出生。在藩镇战乱的烽火中，少年柳宗元形成了关切民生的意识。他的博学多才赢得了杨凭的赏识，杨凭将女儿许配给他。

7　一封贺表出奇名

“建中之乱”平定后，李怀光自杀。十三岁的柳宗元代崔中丞作贺表，上书朝廷，博得了满朝文武的称赞。柳宗元在长安城内声名鹊起。

11　别父蓝田议朝政

柳镇得罪了宰相窦参，被贬夔州。柳宗元送父亲上路至蓝田，两人就被贬一事深入交谈。

16　长安初识韩退之

柳宗元回到长安后，结识了住在邻坊备考科举的韩愈。贞元八年，陆贽为主考官，韩愈高中“龙虎榜”。柳镇也平反昭雪，官复原职。

20　科举及第遭父丧

永贞九年(793)，二十一岁的柳宗元考取进士第四名。他结识了同榜进士刘禹锡，两人结下深厚友谊。放榜后的五月，柳镇溘然长逝。

26　军中段秀实逸闻

服父丧期间，柳宗元去叔父处考察，听到了关于段秀实的逸闻。段秀实其人其事激励了柳宗元一生。

32 木匠说出大道理

柳宗元与韩愈、刘禹锡共同探讨木匠杨潜的为木之道，并从中引申出为相之道。他将杨潜的故事写成一篇传记——《梓人传》。

37 种树先生的启示

柳宗元通过与种树专家郭橐驼的交谈，了解了“顺其天性”才是养树的最好方法，也是养民的最佳方式。

42 三大文豪有分歧

柳宗元、刘禹锡、韩愈三人都在监察御史任上，三人对于时局有共同的看法，但对于王叔文的看法却大相径庭。

49 绝密会议待天时

在东宫一个密室中，十几个人的秘密会议在紧张有序地进行，会议形成一个共识——必须韬晦以待天时。

54 新政艰难出笼日

王叔文集团艰难地获得执政的机会，又艰难地推出第一个新政。但新政的推行到底效果如何？柳宗元和刘禹锡热切期待着。

59 市井欢呼新政好

王叔文变法中，将大贪官李实贬黜出长安城，引起市井欢呼，很多青年怀揣瓦砾砖头到路边等着要打他。

63 出师未捷身先死

变革本来就阻力重重，顺宗病情却每况愈下，在暗中决战的时刻，革新派主帅王叔文的母亲去世，他必须离开战场，于是悲愤地吟诵“出师未捷身先死，长使英雄泪满襟”的诗句离开。

72 母亲病逝龙兴寺

元和元年的岁末，丙戌年五月十五日这一天，卢氏在永州龙兴寺里静静地合上了眼睛。望着远去的灵车，柳宗元抑制不住内心的悲伤。

77 亲朋离世一恸哭

柳宗元谪居永州期间，朋友吕温和凌准相继离世，小女儿和娘也不幸夭折。亲朋离世的打击像西窗外潇水的波涛接踵而来。

82　不甘沉沦的笼鹰

亲友离世后，柳宗元健康状况日益恶化。他自觉像一只被囚的笼鹰，更像被宰杀的鹧鸪，身处险境，惊慌失措，而他并不甘心沉沦。

85　愿卜湘西冉溪地

从元和五年到元和十一年，柳宗元一直居住在冉溪附近，过着平静的田园生活。

89　独钓孤舟雪满江

柳宗元在朝阳岩一带结识了渔翁，在与渔翁对话后，他放弃了对前尘往事的耿耿于怀。千山万径，寒雪满江，无声无迹，唯有一人身披蓑衣，独钓孤舟。

94　遍游永州摹八景

谪居永州期间，柳宗元与好友们登山临水，访寻名胜，言谈高论、醉舞欢歌于山水之间，淡泊的心境过滤了尘世的喧嚣，洗练的笔触记下永州最美的八处景致，遂成《永州八记》。

102　捕蛇者蒋氏人家

在永州郊外一个荒村，柳宗元遇到以捕蛇为生的蒋氏人家。听了蒋氏诉说的遭遇后，满怀悲愤的柳宗元写下千古名篇《捕蛇者说》。

108　相伴而行回长安

唐宪宗登基十年之后，元和十年(815)正月，朝廷终于对“八司马”开恩，将他们召回长安。柳宗元与刘禹锡一路结伴而行。

112　玄都观桃花诗案

回到京城的柳宗元等待被朝廷再次启用，没想到刘禹锡做的一首游玄都观桃花诗惹来了麻烦。很快，他与刘禹锡再次被贬，一个柳州刺史，一个播州刺史。

118　请求柳州易播州

伟大的人之所以伟大，能够青史留名，并不一定在于他建立了多少丰功伟绩，而在于他彰显的人格魅力有多感人。能够感动别人的人，历史注定不会遗忘他。

122 衡阳依依惜别情

人在一生中会有很多次分别，分别往往意味着再见，但柳宗元和刘禹锡于815年暮春在衡阳回雁峰前的分别竟是永诀。峰前大雁低回哀鸣，为两人的情深义重长鸣不已。

127 讴歌智勇小区寄

初到柳州，柳宗元就看到街市上有贩卖儿童的情景。随后，他从杜周士那得知少年区寄智擒人贩的故事，并撰写了文章《童区寄传》，用以震慑贩卖儿童的罪行。

132 释放奴婢办学堂

柳宗元以释放奴婢的法律方针来解决柳州卖儿卖女的陋习，并重建孔庙，兴办学堂，发展教育。柳州发生着翻天覆地的变化。

139 开荒种田凿水井

释放奴婢、兴办学堂后，柳宗元又开始“种柳柳江边”、“手种黄柑二百株”、城北隍上凿水井等一系列有利于民的活动。古老的柳州城日渐呈现一派生机……

144 从此江山空柳州

元和十四年十一月八日，重病缠身的柳宗元在遗憾中离开人世，刘禹锡和韩愈闻讯大为悲痛。

149 魂栖柳州罗池庙

在柳宗元的所有故事中，罗池庙是最富传奇色彩的一个。这要从韩愈为柳宗元撰写的一篇文章《柳州罗池庙碑》说起。

155 后　记

生逢战乱定姻缘

“安史之乱”后的第十个年头，柳宗元出生。在藩镇战乱的烽火中，少年柳宗元形成了关切民生的意识。他的博学多才赢得了杨凭的赏识，杨凭将女儿许配给他。

一千二百多年前，唐代宗大历八年(773)，在长安城东部亲仁里的一座府第中，柳宗元来到了这个世间。柳镇和母亲卢氏望着襁褓中的孩子，喜出望外。两个女儿看到咿咿呀呀叫的弟弟，也十分开心。

柳家祖籍原是唐代蒲州解县，也就是今天的山西运城市西南解州镇。古代这里属河东郡，到了唐代置蒲州，在唐玄宗天宝年间、唐肃宗至德年间曾一度恢复河东郡旧称。因此，多年后的柳宗元将自己的文集命名为《柳河东集》，他也被尊称为“柳河东”。

在北朝，柳、薛、裴并称为“河东三大姓”。作为名门望族，柳镇这一系那时开始就历代仕宦，均为高官重僚。郡守、都督、大将军、仆射、中书侍郎、太常少卿、黄门侍郎、州刺史这些职位，柳镇的祖辈都曾担任过。尤其在唐初，柳家更是权贵兼外戚，在朝廷上下势力显赫，高宗时期，柳家同时官居尚书省的就多达二十几人。然而，经过百年变迁，那样的鼎盛到了柳镇的时代早已悄然落幕，繁华与荣耀仅为回忆提供一个兴奋点。柳镇也是长期担任下级官僚，最高不过做到殿中侍御史。柳镇的几个兄弟也基本没有进入到权势的上层。因此，柳镇对这刚出生的婴儿，既有深深的喜悦，又寄托无限的期望。他期望这个孩子能够重振柳氏一族门风，能够转变家族的命运，更能够“致君尧舜上，再使风俗淳”，为李唐王朝建功立业，普济天下，泽被生民。

柳镇有这样期望并非空大。唐代自“安史之乱”后，盛世已逐渐成为过往，雄壮巍峨的宫阙和车水马龙的街道无法掩饰帝国的衰败。朝廷外临强藩跋扈，内有宦官专权，当朝为官者又结成几个党派，为了各自的利益，与宦官、藩镇勾结，皇权不稳。在这种复杂的情况下，最受苦的就是黎民百姓，战乱中流离失所，战争过后还要饱受沉重的劳役和赋税，那些民不聊生、鸡犬无遗、饥荒连年的年月让很多庶族文人渴望着社会的变革早日来临，希望大唐江山在“安史之乱”之后能有一次重新振作的“中兴”。因此，柳镇对这个刚刚出生的婴儿寄予如此厚望，是可以理解的。只是柳镇何尝预料到，多年后的柳宗元正是因为奋不顾身地实现“中兴”而逐渐陷入政治的漩涡，无所顾忌地逆流而上，又被无情地雨打风吹去，折戟沉沙在万里之外的蛮荒之地。如果命运可以预测，柳镇将怎样重新引导幼小的柳宗元呢？一切不可得知。可是，学识这样渊博的父母，这样一个充满文化氛围的家庭，几乎注定了幼小的柳宗元在灵魂深处会种下一颗家国天下的种子。

这一年，柳镇外放为宣城县令，卢氏带着一家人暂住在城西南一个“数顷田，树果数百株”的小庄园中。柳宗元和两个姐姐聚坐在庭院中，听母亲卢氏为他们讲书。卢氏向每个子女提问，大姐先背诵了《诗经》选篇，讲解了自己的体会；二姐背诵刘向著的《列女传》。

轮到四岁的柳宗元时，他不慌不忙，将卢氏前日教他的古赋十四首逐一背诵，得到了母亲和两位姐姐的齐声称赞。

末了，柳宗元又央求母亲讲一段东汉宦官专权的史实，卢氏道：“那么久远的事，母亲记不清了。”

柳宗元走到母亲面前，依偎在她怀里，撒娇道：“父亲说，他旧日读过的史书和诸子百家，您没有不知道的啊！母亲就给我们讲一段嘛！”两个姐姐也拍手叫起来，央求母亲讲东汉史。卢氏笑着看着三个儿女，绘声绘色地讲起来。

这是柳宗元家庭中最普通不过的片段。贤淑聪敏的卢氏受过良好的教育，有相当高的文化素养，且能周睦亲族、孝养长幼，在柳镇常年在外奔波的情况下独自操持家务、教养子女，备受艰辛、无怨无悔。卢氏既是柳宗元的文化启蒙者，也是人格的教养者。

时光荏苒，五年后，柳宗元能够背诵更多的古赋了。长久浸淫在诗书中，华美与优雅占据着柳宗元的心灵。当他以为生活是一曲高贵典雅的古琴曲时，战争突发而起，烽火和逃亡让他暂停了对生命美好的想象。继“安史之乱”后，河北藩镇再反，泾原兵变，朝廷出逃奉天（今陕西乾县），关中大乱。硝烟弥漫在大唐之上，长安的官员四处避难。京城内人心浮动，民怨沸腾。九岁的柳宗元看在眼中，第一次体验到生民之苦。原来生命里也有不定的流徙，难耐的饥饿，慌乱的脚步，骨肉的分离。

最初体验首先来自自家。柳镇正从夏口出差到长安，来往正经过李希烈叛军盘踞的地区，回去后一时没有消息，柳宗元的母亲卢氏和姐姐万分担心，几个月来吃不下饭，直到柳镇的书信回到长安，一家人的担忧才烟消云散。

接连着亲身经历了战火。长安骚乱的后期，柳镇把少年柳宗元送到自己任所夏口。叛军李希烈曾兴兵进犯夏口，被击退；第二年，李希烈又派遣董侍率领七千叛军前来攻打。将领李兼在最后时刻率士卒迎敌，奋力死战，击退了强敌的进攻。柳镇就是李兼的幕僚。少年柳宗元跟着父亲一同经历了刀光剑影，目睹了藩镇分裂带来的巨大危害，而知识的增长和视野的开阔更培养和锻炼了他的品行和人格。他的聪颖和早慧，早被柳镇的同僚看在眼中。

李兼很能网罗人才，除了柳镇这样的文士，他还将权德舆、杨凭等人留在门下。杨凭也是李兼的女婿。当时，杨凭的妻子已经逝世，小女儿杨氏自丧母后一直住在外祖父李兼家中。杨凭感到柳宗元年纪虽小，却胸有大志，将来必成大器。不过，他还想试试眼前这个少年。

在庆祝击败董侍一战的酒宴上，柳镇作了一首《夏口破虏颂》诗歌，众同僚齐声赞叹。柳宗元坐在柳镇身边更是十分欢快。

杨凭很少看到柳宗元喜形于色，就问道："宗元为什么这样高兴?”

柳宗元道:“夏口是江、汉之路的枢纽,历来是兵家之地,这次大战胜利可以阻扼李希烈叛军进犯东南,所以我才高兴啊!”

一个年仅十岁的少年说出这番话,让在座的人都很吃惊。李兼称赞道:“果然是有志不在年高!小小年纪,竟然懂得这些大道理。”

杨凭问道:“你看问题很透彻,平时对山川地形、道路物产这些书籍很感兴趣吗?”

柳宗元恭敬地回答:“是的,孔孟仁义之说,道家‘自然’之道,先秦两汉元气论,释家的论辩之谈,我也都十分感兴趣。”

杨凭又问:“那么诸子百家,古圣先贤的学说,你最崇尚哪一家?”

柳宗元回答:“孔孟‘仁政’之说和‘民本’之说,我都十分信奉。”

杨凭道:“那你如何待圣人之道与经世致用的关系?”

听到这个问题,柳宗元有些激动,他站起身来,走到宴席中间,对大家说:“宗元不才,如果回答的有失偏颇,还请各位叔伯见谅。《五经正义》是皇帝钦定、规定必考的科举考试科目。宗元认为,如果这样下去,国家培养的只有死背书本的章句师了,长此以往,经学不但不能经世致用,还走进了死胡同。圣人的道理是用来指导现实社会的,如果不照搬古书上现成的话,直接寻求圣人的思想,融会贯通之后再用自己的话把圣人的道理讲出来,这样学习圣人之道才可以真正地救世,益于世用。要不然,就会成为一个真正的腐儒。”

“说得好！”杨凭和李兼为眼前这个少年喝彩。权德舆也赞许地点头。柳镇也十分满意，他没想到柳宗元越来越能独立思考了，对事情的看法颇有见地。他为儿子的成长感到高兴。

杨凭见状，向柳镇作揖，道：“柳兄，宗元这样博学多才，小小年纪就有救世济民之心，将来必成大器。我家有小女，今年九岁，许配给宗元，不知柳兄是否同意呢？”

柳镇笑道：“杨兄的女儿一定良淑贤惠，才德俱佳，宗元得此佳偶，是他三生有幸！”

李兼见联姻成功，十分开心，大笑道：“好啊！这门亲事就定下了！”

柳镇与杨凭喝过定亲酒，柳宗元走到杨凭面前，深深一拜：“见过岳父大人。”

杨凭扶起柳宗元，笑逐颜开。得到这样的佳婿，他替女儿开心。

就这样，柳宗元与杨氏结成姻缘。

一封贺表出奇名

"建中之乱"平定后，李怀光自杀。十三岁的柳宗元代崔中丞作贺表，上书朝廷，博得了满朝文武的称赞。柳宗元在长安城内声名鹊起。

时光荏苒，转眼间柳宗元到了十三岁，俨然一位白衣飘飘的少年。他在饱览群书之际，开始跟父亲柳镇学习骈体章奏。这一年，朝野发生一件大事，最终让柳宗元在章奏书写上小试牛刀，并得到了满朝文武的大加赞赏。十三岁的柳宗元在长安城内声名鹊起。

这件大事史称"建中之乱"。建中三年(782)正月，藩镇将领田悦、李纳、朱滔、王武俊和李希烈为了各自利益相互勾结，纷纷称王称帝，公开与朝廷对抗。这之后的第二年十月，泾原平叛兵途经长安时，因没有得到朝廷的赏赐而发动兵变。慌乱中，德宗携太子等一百多人逃出京城，避难奉天。闲居在长安的卢龙节度使朱泚趁机称帝。朱泚僭号称帝后，李怀光奉旨率军救驾，在奉天解围中发挥了重要作用。当朱泚离开长安后，德宗却听信宰相卢杞、度支使赵赞、神策军使白志贞等奸佞的谗言，命令李怀光乘胜追击朱泚，收复长安。李怀光因救驾有功进副元帅、中书令。德宗因听信卢杞等人挑唆，不让李怀光入朝，不满朝政的李怀光终于公开宣言：联合他曾经攻击过的朱泚，共同反叛朝廷。这又迫使德宗逃往汉中。后马燧、浑瑊、韩游瓌三支主力进逼河中焦篱堡，守将尉硅率七百人投降。夜晚，李怀光举火联络，诸营不予响应。马燧亲自到长春宫下招降守将徐庭光。贞元元年(785)八月，马燧率诸军到河西，河中军士惊慌，怀光无法控制局势，自缢身亡。朔方将牛名俊砍断李怀光首级出城投降，“建中之乱”平定。

对于朝廷来说，这无疑是最想得到的结果。在朝中掌监察之职的崔中丞此时想上给德宗一道贺表，他看中柳宗元这个有奇名的少年，便请他代笔。崔中丞掌监察之职，位高权重，如果不是柳宗元才华出众，崔中丞这样一位有身份有地位的人物，又怎会请他代写这么重要的文章。

等到柳宗元拿出《为崔中丞贺平李怀光表》一文，崔中丞发现这个年仅十三岁的少年用词如此精湛，十分老到，文曰：

> 臣某言：伏奉某月日敕，逆贼李怀光，舆台末人，奚虏遗丑，备闻凶险之行，颇有残暴之名。陛下略其细微，假以符节，尽委朔方之地，犹分禁卫之兵，不感殊恩，乃怀异望。间者馈贡不入，王师问罪。寻令举军赴敌，而乃终岁无功。洎驾幸近郊，敕还旧镇，将扫猾夏之盗，因解奉天之围，岂伊人谋，盖是天意。陛下但嘉其排难，不省其由，列为上公，命作元帅。及蹑寇滑汭，顿军咸阳。(阙)

《为崔中丞贺平李怀光表》是残篇，仅有一百五十三字，也是今天可以见到的柳宗元的最早的作品，从中已见柳宗元文笔之精。这说明柳宗元在父亲的指导下阅读家中藏书，学习儒家经典，历代辞赋和历代诗歌，对章奏的书写已逐渐掌握。他愤怒地谴责逆贼李怀光谋叛的凶险之行，表达了他渴望国家统一安定的心愿。表文是上奏皇帝的一种文体，一些政府官员常请擅长文章的人代写。柳宗元采用的是很难掌握的骈文，措辞通达，对仗工整，概述叙事，颇有气势，称得上是出手非凡的佳作。

读罢，崔中丞大为感叹："想不到小小年纪有这等好文笔！"

柳镇道："崔大人过奖了，宗元少不更事，措辞不当处，大人还要好好斟酌啊！"

崔中丞道："一字都不必改，措辞通达，对仗工整，概述叙事，颇有气势，如果拿给别人看，恐怕没人相信这是一个十三岁的少年写出来的，还是柳大人教子有方！"

在上表之前，崔中丞又将这篇文章拿给几位同僚看。大家过目后，无不称赞，纷纷问是谁代写的。崔中丞笑道："如果我说这是一个十三岁的孩子写的，你们相信吗？"

大家都觉得崔中丞在开玩笑："单从文笔看，不仅老道，且颇有词采，论理透彻，此人必定对时局十分熟悉，孩童写出这等文章不大可能，就算是孩童所为，这字迹清秀挺拔，遒劲有力，怎么可能是十三岁儿童所为呢？"

崔中丞笑道："代我写这篇表文的正是柳公权、柳公绰的堂侄，柳镇之子柳宗元。这下大家该信了吧？"

同僚惊叹道："原来是这孩子！早就听说他自幼聪颖，没想到如今已能写出这样的好文章了！真是神童!”

得到官员们的赞赏，柳宗元自然备受鼓舞，令他想不到的是，崔中丞将此表上给德宗后，德宗在第二天朝会时当着满朝文武大加赞赏了这篇表文，一时间，文人墨客称道不绝，长安城内沸沸扬扬。这对少年柳宗元来说，是莫大的激励。

作为家中的独子，金榜题名、位列朝班、重振家声、是他不容推卸的责任。这次代崔中丞书写表文，能够得到世人的赏识，使他再次自我肯定，对前途充满了希望。他要尽自己平生之力复兴尧舜、孔子之道、利安元元(意为利民、安民)，为国建功立业，实现自己的人生理想。

柳宗元的好朋友刘禹锡为《柳河东集》作序曾说:“子厚始以童子有奇名于贞元初。”指的就是柳宗元代崔中丞作表文受到时人称赞这件事。后人曾怀疑柳宗元那样小的年龄不可能为人写表，就把这篇文章收录在《柳集外集》的“卷下”中。但刘禹锡是柳宗元的密友，他最了解柳宗元的往事，也不会无端说出这样的话，所以少年柳宗元确实写了这样一篇奇文，博得了这样一个奇名。

贞元四年(788)，柳镇调回朝廷任殿中侍御史，柳宗元也随父亲回到长安，开始为科举考试做准备。

别父蓝田议朝政

柳镇得罪了宰相窦参，被贬夔州。柳宗元送父亲上路至蓝田，两人就被贬一事深入交谈。

就在柳宗元踌躇满志、积极准备科举考试的阶段，家中出了一件大事。父亲柳镇被权臣窦参陷害，远贬为夔州司马。夔州，在今天的四川奉节县东，距离长安遥远。五十二岁的柳镇含冤上路，柳宗元一路相送直至蓝田。

柳宗元见父亲如此萧条，心中着实难过。他一直没有弄清父亲被贬一事的来龙去脉。柳镇怕打扰柳宗元备考科举，也没有将自己被谗的事透露给他。此时，车马已到蓝田，这一相别不知何时能再见。柳镇看着壮志满怀的柳宗元，想到他将来也要走这条坎坷的仕宦之路，一时间难以掩饰心里的隐忧，便决定把自己的遭遇原原本本地告诉柳宗元，作为他入仕前对朝廷昏暗有一定的思想准备。

"父亲，这次远贬夔州到底是谁陷害的?"柳宗元气愤地问道。

"宗元，你知道我这次贬夔州是何人所为吗?"柳镇几乎同时开口。

柳宗元道："我只知道三司会审后，穆赞穆伯父的冤案平反了，按理说这是件大快人心的事，您作为御史台出面的官员，能够据理力争、秉公执法，怎么反倒被降职了呢？"

柳镇摇摇头，叹口气，道："宗元，你是少不更事，哪里知道这其间的利害关系！你穆伯父的案子是三司会审，御史台派出的是我，刑部派出的是员外郎李觌，大理寺派出的是大理卿杨瑀，我们三个最憎恨权奸淫威，力保你穆伯父。三司会审的案件向来很权威，又有你赵憬赵伯父从中斡旋，想作梗的人并没有得逞。你穆伯父无罪释放，我们这三个审案的人就开始被一个个地算计了。"

柳宗元道："穆伯父到底得罪的是谁？"

柳镇道："还能有谁，还不是当朝宰相窦参。"

柳宗元很疑惑，道："我听母亲说穆伯父是因为审理卢岳家的案子才出事的，怎么又和窦参有了关联？"

柳镇叹息道："说来话长。陕、虢两州观察使卢岳不是去世了嘛，他写了一个遗嘱，财产既分给了他夫人，也分给了他和妾室裴氏所生的儿子，偏他夫人不公道，给裴氏儿子那份财产不肯拿出来，裴氏的儿子还小，裴氏就自己上告朝廷了。你穆伯父正好任殿中侍御史分司东都，负责审理这个案件。"

柳宗元道："这件事情不是很明显吗？卢岳夫人无理，把裴氏和她儿子应得的那份财产判给裴氏不就结案了？"

柳镇苦笑道："这是名正言顺的事，当然没有异议。问题出在你穆伯父的上司御史中丞卢佋身上。他不知为什么一直偏袒卢岳夫人，还胁迫你穆伯父给裴氏定罪。”

柳宗元道：“难道卢岳夫人贿赂卢佋不成？”

柳镇道：“也不是没有这个可能。卢佋倒是反咬一口，诬告你穆伯父受了裴氏的贿赂。”

柳宗元惊叹道：“怎么可能呢？穆家四兄弟向来以士行刚直闻名，穆伯父更是出了名的耿直！”

柳镇道：“谁又说不是呢？问题是他的上司诬陷他，这就很难办了。我们三司的人查过案子后，还你穆伯父一个公道。”

柳宗元道：“穆伯父无罪释放也就意味着卢佋有罪，他又岂能善罢甘休？”

柳镇道：“你分析得没错。卢佋正是窦参的党羽，卢佋有罪，对窦参很不利，他自然不能坐视不理。窦参又是当今天子德宗皇帝面前的红人，在皇帝面前说几句话栽赃我们，是再容易不过的了！你赵憬伯父跟窦参在朝中对峙了很久，窦参一时没找到机会下手。一直等到今年，终于找了个借口把我贬出朝廷了。”

听完柳镇这番话，柳宗元对整个事件有了更深入的了解。他从未想过眼下的朝廷这等暗弱，权奸这等飞扬跋扈，党派的斗争这等激烈。他想起十三岁时自己代崔中丞写的贺平定李怀光的表文，突然想到一些问题。

他对柳镇道：“父亲，这件事让我想起卢杞和裴延龄这些人，当年若不是他们在德宗皇帝面前挑拨离间，李怀光也不会造反，建中年间老百姓就不至于跟着遭殃。”

柳镇道："你很有悟性。朝廷自肃宗、代宗开始，就一直是权臣和宦官的天下。他们结党营私、勾结藩镇，左右着朝纲，简直就是这个时代的毒瘤！"

柳宗元道："难道就没有贤臣了吗？"

柳镇道："要论贤臣，翰林学士陆贽堪称第一！此人极有政见，正直廉洁，是个不可多得的人才！当年'泾原兵变'之前，他就对德宗说两河地区藩镇恐有变，可见是很有先见之明的。"

提到陆贽，柳宗元兴奋起来，"朱泚兵变，德宗皇帝逃到奉天，当时手下的士卒大多心中不平，陆翰林《罪己诏》一出，天下归心。这封诏书我曾悉心研习过，倘若有机会我一定去拜见陆翰林，当面求教。"

柳镇点头道："陆贽勇于论谏，曾经提出不少改革主张。我见他能够指陈民隐、揭露时弊，将来若能入相，百姓就有福了！我不在长安，你一定多向这些人求教，多积累经验；另外，读书不可荒废，也许朝廷迟迟不肯赦免我，调我回京，你报考科举也很有可能受到牵连，且看能否通融吧。以你的实力，并不需要我从中斡旋，我也耻于斡旋，一旦可以报考，就靠你自己的实力去考科举吧！"

柳宗元打起精神，振奋起来："请父亲放心，宗元一定不辜负您和母亲的期望！我也会照顾好母亲的！"男儿有泪不轻弹，可是此刻的柳宗元不知为什么眼中竟有些湿润。

柳镇拍拍柳宗元的肩膀，道："我经历这等坎坷，尚没有哭，你反倒有感慨了？"

柳宗元擦擦眼角，道：“由父亲的不平想到天下百姓的不平，我一定要考取功名，不为自己，要为这不平的世道！”

柳镇看着若有所思的柳宗元，心理很是安慰，现实的政治斗争让他得到教育和锻炼，让他了解仕宦之路的艰辛，这无疑是件好事，只是他希望柳宗元的未来不要像他这样曲折。基于当下朝中权奸当道的现实，他又担心自幼在自己教育下已形成富有正义感的柳宗元迟早要遇到麻烦。这已经不是“致君尧舜上，再使风俗淳”的时代，更容不得“仰天大笑出门去，我辈岂是蓬蒿人”的英雄式人物的活跃。不过，他从不曾后悔自己的所作所为。

远处，秦岭上云雾缭绕，过了秦岭就是商洛山区，一片茫茫。柳宗元看着父亲柳镇的身影远去，心中百感交集。

长安初识韩退之

柳宗元回到长安后，结识了住在邻坊备考科举的韩愈。贞元八年，陆贽为主考官，韩愈高中“龙虎榜”。柳镇也平反昭雪，官复原职。

柳镇到了夔州后便写信给家里，柳宗元收到信后，见柳镇一切安好，就放心下来，安心准备科举考试。他想以“乡贡”的身份报名，请求乡里保荐，可乡里顾忌柳镇遭贬，几次都未批准，柳宗元很是郁闷。这段日子，他与韩愈渐有往来，谈文论道，对备考科举有了新的想法。

在柳宗元回长安的前两年，韩愈就从宣城来到长安，寄居在安邑里马燧家中。安邑里与亲仁里两个城坊相邻，柳宗元与韩愈，这对“唐宋八大家”中仅有的两位唐代文人彼此相会了，并渐渐熟悉起来。

韩愈，字退之，河南河阳人，郡望昌黎，世称韩昌黎。韩愈自幼父亲亡故，大哥韩会和大嫂郑氏开始抚养他。大历年间，韩会由起居舍人贬为韶州刺史，年仅十岁的韩愈便随兄嫂去了韶州，也就是今天的广州韶关市。不久，韩会死于韶州任上，郑氏担起独自抚养韩愈的责任，十分辛苦。“建中”之乱时，为了避乱，郑氏又带了韩愈和自己的孩子一路颠簸逃到宣州。从年龄上算起来，郑氏足以做韩愈的母亲了，韩愈一生也感郑氏的养育之恩，把郑氏视为母亲看待。他这次从宣州来长安，就是为了参加科举考试，他要重振家业，好好报答大嫂的养育之恩。

柳宗元得知韩愈的身世后，十分同情，他了解韩愈那种想博取功名、报效家国的渴望。两人都自幼饱读诗书，对文学、学术、时事和政局有了一定的见解。

"不知退之兄考试准备得怎么样了？"柳宗元问韩愈。韩愈比柳宗元长五岁，因此柳宗元称韩愈为兄。

韩愈苦笑道："今年我已参加过科考了，但未及第。只好来年再考了。"

柳宗元道："不知今年谁知贡举？"在唐代，"知贡举"就是主持考试的意思，掌握着选取考生的生杀大权。

韩愈道："礼部侍郎刘太真，有些不公正。"

柳宗元道："去年不也是这个刘大人知贡举吗？听说他生性怯懦多变，专喜欢录一些宰辅贵族的后代，要么就是藩镇子弟，向来看考生的家世。"

韩愈叹道："家世不够好的，都去巴结刘太真了，我这个性子，子厚不会不知，岂能趋炎附势、折腰摧眉？"

柳宗元安慰韩愈道："退之兄也不必烦恼，科举无常，落榜也是常有的事。我现在倒是为了不能报考着急呢！"

韩愈惊讶道："哦？子厚在长安是出了名的博学多才，为什么不能报考？"

柳宗元道："家父审理穆赞一案得罪了窦宰相，我年初请求乡里保荐我参加科举，结果乡里没通过。家父被贬夔州，如果迟迟不能调回长安，恐怕我这几年都不能参加考试了！"

韩愈道："这样的事太不合理了，哪有父亲被贬官，儿子就不能参加科举的道理！何况柳大人还是被陷害的！"

柳宗元道："没办法，好在我还年轻，多等几年。退之兄虽未及第，这几年在长安备考也一定颇有收获，愿听兄长赐教。"

韩愈道："说实话，进士科考试不过一诗一赋，雕虫小技而已，明经科只需把经文烂熟于心即可，我们切不可安于这些皓首穷经的准备。当今国家不太平，外有强藩，内有党争，安邦定国之策才是我们要关注的。近来我倒是对诸子各书很感兴趣，想从他们那得到一些启示。"

柳宗元点头道："兄长说得很有道理。自从汉代独尊儒术起，诸子百家的思想都销声匿迹了。看来诸子各家的学说还是要好好学习一下。"

韩愈道："是啊，孔孟之后的墨子、荀子，我都想研究一下，包括那个楚人鹖冠子的思想，也很耐人寻味。"

柳宗元道："兄长若有文章问世，一定让我先睹为快。"

韩愈笑道："那我就等着子厚来点评了！"

第二年，柳宗元请求乡里荐举一事又没有通过。韩愈则回家探望生病的侄子十二郎，并没有参加科举考试。直到两年后的早春科考放榜之时，"龙虎榜"三字传遍整个长安城时，柳宗元才知道韩愈正是榜上有名。与韩愈同榜进士的，有后来在文坛上知名的李观、欧阳詹等；也有在政治上登显位的李绛、王涯、崔群等人。多年后，从这一干人表现出来的文才和吏才看，那一榜确实众望所归，不愧为“龙虎榜”。而与“龙虎榜”同时沸沸扬扬的，是知贡举的兵部侍郎陆贽被宰相窦参指成受考生贿赂一事。陆贽曾在德宗奉天之围中代德宗书写《罪己诏》，诏书感人涕下，四海为之动容。德宗也因此重视陆贽的文才，这次知贡举让陆贽来担任，并令梁肃来辅佐陆贽考选。梁肃与柳镇是世交，也是一位长于古文之道的文士，他与陆贽以文才学问为选拔标准，选录了韩愈等二十三人为进士。当时陷害过穆赞和柳镇的宰相窦参是陆贽的政敌，他联合窦申、李则之、吴通玄和吴通微等人造谣，说很多考生都向陆贽贿赂才及第的。

柳宗元一来为韩愈中举高兴，一来为陆贽被馋担忧。陆贽是他崇敬的前辈，他也深知陆贽为人公正廉洁，不可能做出受贿这样的事。这同穆赞当年审理卢家财产一案被诬陷一样，也说明窦参构陷同僚的手段卑鄙无耻。可是这一次，窦参的运气没那么好。德宗调查案情后，罢免了窦参的相职，贬为郴州司马，李则之等人也都被贬。柳宗元松了一口气。让他更为欣喜的是，窦参下台后，德宗拜陆贽为宰相，忠臣当道之时，柳镇很快就官复原职了。

他前往蓝田县迎接父亲，当年送别之处，此时草木摇落、秋露摇霜，可是他知道，只要度过这萧瑟的秋冬，春天很快就会到来了。

科举及第遭父丧

永贞九年(793),二十一岁的柳宗元考取进士第四名。他结识了同榜进士刘禹锡,两人结下深厚友谊。放榜后的五月,柳镇溘然长逝。

唐代的科举分为制举和常举两种。制举是由皇帝亲自主持的考试。制举科目大多都是临时设置的,比较重要的有贤良方正科、直言极谏科等。制举不经常举行,录取人数也极少,在科举中不占主要地位。科举中最重要的是常举。常举是指常设科目,其中以进士、明经两科最为重要。进士科主要考诗赋,既测试考生的学识也考量文才,而且有一定的难度,中举率一般为百分之一二。明经科就相对简单些,主要考贴经,类似今天的填空,把经书上的一段话,用纸贴上几个文字,让考生默写出来,考中率也很高,十人就能录取一两个。所以当时有"三十老明经,五十少进士"之说,意思就是考进士比明经难,三十岁考中明经就算老的了,而五十岁考上进士还算年轻。纵观整个唐代的进士考生,从少年考到白发苍苍者不在少数,甚至有人终生未考中。

而二十一岁的柳宗元对自己充满了信心,自从父亲柳镇官复原职后，他获得了乡里保荐的资格，准备报考进士科。

贞元九年(793)，注定是不平凡的一年。这一年，陆贽不再知贡举，而是户部侍郎顾少连。这个素来刚正直率，唯才是举，不畏权势，大力选拔孤门寒士的朝官带领参加考试的数千举子进入国子监，对着先师孔子圣像，深深下拜。举子们心中也都祈求能够及第。而柳宗元看到主持考试的是顾少连，则十分安心，也许这一年会再出现一个“龙虎榜”。

正式考试共三天，第一天，柳宗元在考场中刚刚坐好，发现一位面容清朗、气宇轩昂、举止潇洒的白衣青年进入邻座。柳宗元心想：必定也是一位有才之士，以后有机会结识一番。正巧青年在入座前转身看到柳宗元，也十分有好感，便微微拱手，以表诚意。考生在考场上不得交流，柳宗元只好拱手回礼。青年进入邻座坐好后，考官发给每个考生三根蜡烛，冬天日短，天黑得早，借用蜡烛照明，如果三只蜡烛全部用完还没有答完卷，就只能被抢卷了。

柳宗元翻开卷纸一看，考试的诗题是《风光草际浮》，赋题是《平权衡赋》，便思考如何立意。“风光草际浮”是南朝诗人谢朓的诗句，以此为诗题，基本限定了诗作内容，无非描写大好春光，旨在歌颂太平盛世，想要写出新意来还需细细斟酌。“平权衡赋”则以“昼夜平分，钧铢取则”为韵，并不难作。柳宗元很快就完成诗赋，这时，他听到隔墙传来轻声吟咏：“熙熙春景霁，草绿春光丽……”心下想：这倒是清词丽句。

第二天考贴经和第三天的策问，柳宗元答得也很好。

发榜这天，考生们都来到礼部东院观看皇榜，好不热闹。柳宗元到达时，榜前已里三层外三层围得水泄不通。一个叫苑论的青年兴高采烈地迎上柳宗元，拱手道："恭喜子厚兄，取得第四名！"柳宗元一见是自己的好友，也回问道："言扬兄成绩如何？"苑论惭愧道："占得状元了，应当是侥幸。"柳宗元点头称道："我早就说过状元非言扬兄莫属，可见这次科考非常公正，你我二人赶上好时代了！"

正说时，只听有人喊："梦得兄，你排在第五名！"柳宗元回头一看，正看到诗赋考试时坐在自己邻座的那个青年，而皇榜第五名赫然"刘禹锡"三字。刘禹锡此时也看到柳宗元，想起考试时的情景，两人相视而笑，莫逆于心。刘禹锡道："我们考试时邻座，不想名次也相邻，真是有缘！"柳宗元笑道："早就听说梦得兄大名，今天才正式结识，倒是恨晚啊！"柳宗元遂将苑论引荐给刘禹锡，三人相谈，很是开心。

转眼就开始了新科进士的团体活动。苑论先带领着柳宗元等人到顾少连家谢恩。第二天，顾少连又带领这些金科进士去参谒宰相。天未亮，进士们就到朝堂集合，等待着几名宰相到齐，百官也出来观看。柳宗元等人第一次感受到了朝堂之上的氛围。几日后，各种宴会又开始了。给柳宗元留下印象最深的就是杏园探花宴、雁塔题名和曲江宴。

杏园在曲江的西面，与慈恩寺南北相望。按规定，杏园宴要选出两名年轻俊秀的进士为探花使，到全市的名家名园去采摘名花。而这一天长安城中所有的公私园林都向新进士开放，园主们敞开园门等待探花的光临，大街两旁观看探花风采的百姓和官员更是络绎不绝。直到被选为探花郎，柳宗元才知道自己是这榜进士中最年轻的一个，而另一个与他一起游长安街的是长他一岁、二十二岁的刘禹锡。两人由考场邻座到榜上邻名，再到同为探花、共享荣耀，缘分之深简直莫测。当柳宗元与刘禹锡高坐白马、着锦弹冠、俯瞰群生之时，他无论如何也想不到，身边这个自此结下深厚情谊的朋友，与自己的命运紧紧相连，再也分不开；而这一生，两人宦海共沉浮、人间同去来，无论升与沉，都不改故人情。

雁塔题名之后，柳宗元又参加了新进士庆祝的高潮曲江宴。曲江岸上酒筵列成长长一排，进士们开怀畅饮，接着又乘着画船畅游曲江，岸边歌舞丝竹纷纷攘攘，好不热闹。柳宗元一时也沉醉其中，在曲江上游荡时，看到岸边很多王公贵戚也出来观看，还对着他们品头论足。刘禹锡笑道："我们这一干人里不知有多少要成为东床快婿了！"柳宗元微微一笑，他知道曲江宴实际上给公卿大臣提供了一个选女婿的机会，每年也都有新进士被选中。对于寒门庶族来说，金榜题名之后能够洞房花烛夜，那简直是人生中最惬意不过的事了。眼前的这些进士也争相表现自己，希望引起王公们的注意。不知为什么，对于这样攀龙附凤的事，他一点都不羡慕。在扰攘的人群中，他突然想起杨凭的女儿来，以及九岁那年杨凭对他的称赞。这么多年过去了，不知道那个女孩长成什么样子了？

就在柳宗元想起杨氏女的时候，柳镇和卢氏也考虑着为两人完婚的事。无奈柳镇自夔州调回京城后，身体一直欠佳，柳宗元考上进士后，心里自然十分欢喜，一时情绪不能稳定，起来接喜报时，感交风寒，病情反倒加重了。曲江宴之后，柳宗元推掉了大大小小的应酬，专心在家服侍父亲。持续到五月时，柳镇已病入膏肓。柳宗元心忧如焚，在父亲面前却不能表现出来。

这天，柳镇对柳宗元说："宗元，我有你这样的儿子，三生有幸啊！以后柳家就等着你重振了，我的病情恐怕也不会耽搁太久了……"

柳宗元十分难过，道："父亲的病已有好转，等父亲病好了，还要主持我与杨氏的婚礼呢。"

柳镇道："我可能等不到那一天了。我走后，你的婚礼又得推迟三年，这三年间，不可荒废，一定注意增长社会经验，多出去实践。为日后的诠选做准备。"

柳宗元谨遵教诲，点头称是。

柳镇感叹道："我这一生最得意的一件事就是你考中进士时，德宗皇帝在朝堂上当着大臣的面问你是不是我柳镇的儿子，说：'就是当年对抗窦参的柳镇吗？柳镇儿子一定很优秀，因为柳镇是绝不会为他儿子考试替人求情的！'你完全凭借自己的实力考取功名，这是我们柳家的荣耀，仅此一事，我就瞑目了！"

柳宗元道："父亲从小教导我要独立自强，修身齐家才能辅佐君王治理国家，日后做官我也必定如此，尽我全力为民为国。"

柳镇道："这是必然，我向来不担心你的能力，只是几年前被贬夔州，我起初以为自己错了，后来反思自己的所作所为，哪里有错？如果一定错了，那就错在自古忠奸不两立。记住，如果你没有错，那么就坚持自己的所作所为，不必退缩！”

柳宗元含泪道：“宗元记住了，请父亲放心。”

柳镇微微点头，已没有更多力气说什么了。他看着柳宗元，心里欣慰，阖眼沉沉睡去。

军中段秀实逸闻

服父丧期间，柳宗元去叔父处考察，听到了关于段秀实的逸闻。段秀实其人其事激励了柳宗元一生。

德宗贞元九年（793）五月，柳镇在长安去世，享年五十五岁。柳宗元虽考取进士，也要通过吏部“诠选”才能授予官职。由于服父丧，柳宗元三年之内不能参加“诠选”，当然也不能做官。这段时间，他到邠州看望在邠宁节度使府任职的叔父。邠州距长安西北三百里，“安史之乱”后，成为边防要冲。柳宗元正好借此机会考察社会实际，往来于岐、周、邠（bīn）、斄（lí）之间，经过真定，北上马岭，经历亭岗堡垒哨所等，私下里喜欢询问年老的军校和退役的士卒，听他们说些当年的事情。

这天，柳宗元遇到邠宁节度使白孝德门下的几个退伍老兵，就攀谈起来。柳宗元问道：“老人家在军中多年，对什么事印象最深呢？”

老兵说：“别的倒不论，当年的泾州刺史段太尉的所作所为真是让人钦佩！”

听到这话，几个老兵齐声赞叹：“如果为官者都像段太尉这样，国家就太平了，老百姓都能过上好日子！”

柳宗元十分感兴趣，说：“我也曾经听过关于段太尉的事，有人说他是一介武夫，能在关键时刻不顾生死，因此能扬名天下。”

一位有点瘸的老兵摇摇头道：“不尽然，我在白大人门下做事时，曾经见过段太尉，他为人很和善，走路时常低着头，见到人就拱手，也不论对方身份高下。太尉跟我们说话时也很谦恭温和，从来不使脸色。我们觉得他倒像个读书人。”

老兵说：“段太尉遇到自己不能赞同的事，一定会力陈己见，绝不苟同。记得当年郭子仪大元帅驻扎蒲州时，他的三公子郭晞正任尚书，代郭元帅驻扎邠州，父子俩可是官爵显赫，势力非常啊！可这郭晞训兵无方，他手下的人横行不法。邠州当地人大多懒惰、贪婪、凶残又邪恶，经常向他手下人行贿，把自己名字偷写进军队里，以郭家军的名义胡作非为。”

柳宗元问：“难道地方官不管这事吗？”

老兵说：“哪里管得了啊！你是不知道，他们每天成群结队到市场上勒索，乱抢东西，没抢够就打人，砸锅砸盆的，弄得满条街都是，完了就扬长而去，有次横冲直撞的把一个孕妇都撞死了！”

柳宗元说：“这事应该由白大人管啊，他当时正是邠宁节度使啊！”

老兵说：“白大人三番五次想找郭晞，最后都没去，郭元帅那时已是汾阳王，谁敢惹他啊？白大人为这事总发愁，也没办法。”

柳宗元问：“那么段太尉和此事又有什么关系？难道这样让

人为难的事他有办法解决?”

老兵说:“奇就奇在这里。段太尉这个人有勇有谋,他先跟白大人商议此事,向白大人先求个都虞侯的官职。当时我们都以为段太尉无异官迷,没想到他上任以后真解决了这事。郭晞门下有十七八个士兵到城里来抢酒喝,酒店老板不在,酿酒工见他们不给银子就不给酒,这些兵拿着刀乱砍,把人家砍伤了,又把酒器都砸了,酒流得到处都是。段太尉接到报案,二话不说,派人把这些兵全绑了,当时就把头都砍了,拿长矛挑着,挂城门外头。你说这段太尉是什么胆量!”

柳宗元拍头称赞:“果然非凡!有气魄!这下郭晞军门得大乱了。”

老兵接着说:“那还用说,全营都乱了,过去郭门的人连跟毫毛别人都不敢碰,现在说砍头就砍头,他们哪能罢休!白大人见全营的人披甲带枪地杀过来,慌得要命,马上召见段太尉,问他怎么办。段太尉倒不慌,自己请命,要去郭晞营中去劝说。我们当时觉得他简直疯了,偷偷告诉段太尉手下把棺椁准备好。这不是送死嘛!白大人派了十几个人跟着段太尉去郭营,当时就有我一个,谁知段太尉把我们都辞退了。他就挑了匹跛脚的老兵拉着一匹瘸腿的老马,拿着佩刀,单刀赴会去了。”

柳宗元为之动容,说:“这般看来,段太尉并非常人啊。”

老兵点头道:“我们见他这样,都钦佩得不得了。被挑选的老兵就是我。当时我很感动,太尉如此胆识能够看中我,我也很骄傲。于是便昂首挺胸随太尉前去。”

"当时那情形真是奇特。当时我一瘸一拐地牵着一匹一瘸一拐的老马随着太尉进军营,那些士兵全副武装,都冲了出来,刀架头上,嚷嚷着为兄弟索命。太尉面不改色,说杀他一个老兵用得着披坚执锐的吗,他就顶着脑袋来的。太尉这么一说,士兵见这情景,一个瘸兵拉着一匹瘸马,反倒呆了,他们本以为段太尉禁不起这阵势。太尉一见大家被自己镇住了,就开始大声道,'郭尚书难道亏待你们了吗?郭大元帅难道也亏待你们了吗?你们为什么要变乱败坏郭家名声?'太尉要求见郭晞。见到郭晞,太尉又义正词严,他说郭大元帅功勋之大可比天地,郭氏家族应该把这种荣誉保持下去,全始全终。现在就放纵手下违法,时间长了难保不变乱。在天子身边变乱,一旦天子怪罪,又是谁承担这个罪?现在邠地人行贿,把自己混编军籍里,杀人动乱,像这样的事不加制止,离大乱还能有几天?一旦大乱,人人都说郭晞你是依仗郭大元帅势力,这样一来,郭家功名还能保存多久啊!"

柳宗元道:"段太尉说得太有道理了!这才是真正为郭晞好啊!"

老兵说:"郭晞当时是听进去这番话了,大为震惊,反倒非常感谢段太尉提醒。立即喝退士兵,下令再有喧哗者处死。太尉这时又说还没吃饭,想让军中备些粗茶淡饭充饥,吃完还在军中留宿一夜。第二天,郭晞跟着太尉一起到白大人处道歉,自从那后,邠州再没有祸乱发生。那是我亲眼所见,亲耳所闻啊。"

老兵讲完段秀实这段单刀赴会的故事后,柳宗元对段秀实肃然起敬，虽然这个人已与他时空相隔，却给他带来前所未有的动力，他一直想追求的不就是这样一种智勇相兼、勇往直前、敢为天下先的孤往品质吗？他要成为段秀实这样的人，他为官也要成为段秀实这样的官。

另一个老兵说："段太尉早年在泾州担任营田官时，也有件事流传得很广。"

柳宗元道："也请说来听听。"

老兵道："当时泾州大将焦令谌夺取民田多达几十顷，租给农户种田，收割时要人家一半谷子。偏巧那年大旱，庄稼颗粒无收啊。这焦令谌却不管农户死活，催着要谷子。农户没办法就告到段太尉那里了。太尉替农户写了封类似求情信的判决书，谁知焦令谌看了大怒，打了农户二十大板，差点要了命，打完还抬到段太尉衙门门口。太尉见了心疼得都哭了，又给农户包伤口敷药，又是喂饭的，最后把自己坐骑卖了，买谷子替农户还债。这事传到淮西军统帅尹少荣那里可了不得，尹少荣向来刚正，又是个暴脾气，他跑到焦令谌那儿破口大骂，说你算是人么，种地的都要饿死了，你要搜刮谷子，无故打人，段秀实就这么一匹马，人家还得卖了换谷子送到你家，你居然还收了，你这种人居然还活着。尹少荣这么一骂，焦令谌可受不住了，这人虽凶暴傲慢，也知道惭愧，吃不下东西，说再也不能见段大人了，没过几天居然死了！你说这事是不是更奇？"

大家听了，都很感慨，柳宗元道："段公行事正直，才会让暴虐的人也自惭形秽。古往今来，并不多见啊！"

又一个老兵道："我也听说过段太尉的一件事，从这件事看来，太尉料事很有远见。"

柳宗元笑道："好啊，都请说来听听。以后我要为段太尉写一篇逸事状文，让他的事迹流传青史！"

老兵道："太尉自泾原节度使被征召为司农卿的时候，告诫他家属说经过岐州的时候，如果朱泚赠送财物，千万不要接受。等到过岐州时，朱泚真的要送三百匹大绫给段家人。太尉的女婿韦晤没拒绝掉，只好收了。等一家人到了京都，段太尉知道了就大发脾气说你们怎么不听我话。韦晤说朱泚官大压身，非得让收。太尉后来想了个办法，把这三百匹大绫送到司农卿官府治事大堂梁木上面放着。后来朱泚可不是谋反了吗？谋反以后啊，太尉被杀了，官吏把这放大绫的事告诉朱泚，朱泚让人将大绫拿下来一看，上面的封条都在，真是原封未动。"

柳宗元道："段公当时手执笏板掷向朱泚，坚决反对朱泚称帝，才被当场杀害，这是真正的忠烈之士。如今听了这段逸事，更知道段公大义凛然，能够如此忠烈，非一时之冲动。如此清廉正直，这恐怕连朱泚都要钦敬他了。"

段秀实其人其事，就这样在年轻的柳宗元心中生根，他确信自己也要成为这样的人，光明公正、廉洁清明、敢为天下先，生死为生民。多年后，当柳宗元身处谪居之地永州时，他回忆起这几位老兵的口述，写下《段太尉逸事状》，作为对正史的补充，最后交给了永州刺史崔能。

这是他一生都无法忘记的人。

木匠说出大道理

柳宗元与韩愈、刘禹锡共同探讨木匠杨潜的为木之道，并从中引申出为相之道。他将杨潜的故事写成一篇传记——《梓人传》。

贞元十九年(803)闰十月，柳宗元入朝任检查御史里行。作为新进朝官，柳宗元并不是唯一。与柳宗元同在御史台察院任职的还有两位著名的文人——韩愈和刘禹锡。三人共事期间常常探讨人生哲理和诗赋文章，相互学习、彼此激励，有很多理论建树。这一时期，柳宗元写了一批传记，善于借传喻理，有寓言意味，很有独创性。

这天，柳宗元同刘禹锡一起当值，两人探讨为相之道。

柳宗元道："裴封叔的家在光德里，我前阵子有事去他家，正好遇到一个叫杨潜的木匠。这个木匠很特别，跟我以前见过的都不一样。"

刘禹锡道："咱们刚才说到如何才能做一个好宰相，这跟木匠有什么关系？"

柳宗元笑道："正是因为说到为相之道，我才想起杨木匠，他的所作所为恰好提示我如何才能当好宰相。"

正好这时韩愈也来了，听到柳宗元这样说，十分感兴趣，道：“这件事有意思，子厚说来听听。”

柳宗元道：“我见杨木匠在裴封叔家中住的是上等房间，拿的薪水也比别人多三倍，就问他有什么能耐。他说他擅长计算，测量木材。观看房屋式样和高深、方圆、短长适合不适合。也就是说他在建房子过程中，他是总指挥，指挥别人干活，离了他，房子就建不成。”

韩愈道：“也就是说这个杨木匠的本领在于设计和指挥，而不在于具体的建筑工作。”

柳宗元道：“正是。我曾到过他的住处。他的床缺腿了也不修，说还得请别的木匠来修。我还笑话他自己本身是木匠，这点小事做不了。后来京兆尹要修官衙房子，我到过现场，这回亲身领略了杨潜的本领。”

刘禹锡道：“想来说的不是大话，确有其才了！”

柳宗元道：“杨木匠蓄了很多木材，也招了不少木匠。我见有的拿斧头，有的拿刀锯，大家围着他形成一个圈站着。杨木匠呢，左手拿长尺，右手握木杖。他先看看房屋承重情况，又看看木料的质地，等都查看完了，他挥着木杖，说用斧子砍，拿斧子的就跑右边去砍；他回头指着木材又说用锯锯，拿锯的又跑左边去锯。等这些都完成了，拿斧子、拿刀的、拿锯的都看他脸色，等他发话，谁也不敢自作主张。也有做的不到位的，结果都被他斥退了，被斥退了也没有一个有怨言的。接着，杨木匠在墙上画出官衙房子图样，也就一尺大小吧，却很细致详尽。按图纸微小的尺寸计算，最后建造起来的高楼大厦，没一点误差的地方。房子建成了，杨木匠就在栋梁上写上：某年某月某日杨潜修建，只留他一个人的名字。我绕着他建的房子走了一圈，才知道他的技术太精湛了！”

刘禹锡道：“所谓劳心者役人，劳力者役于人。杨木匠不就是‘劳心者’吗？”

韩愈称赞道：“放弃手艺，专用思想智慧，能统领全局，这样的人的确难得。有一般技艺的人出力劳动，有才智的人出谋划策，杨木匠算是有才智的人了。”

柳宗元很兴奋地说：“就是这个道理！你们想想，这跟为相之道不是很相似吗？宰相要辅佐天子、推荐人才、委任职责、发号施令、指派任务、整顿纲纪、进行增减、统一法治，这就像杨木匠用正方圆和定曲直的工具绘图似的。选择天下的官吏，使他们适合自己的职务；安置天下的老百姓，使他们安居乐业。看了国都就了解了郊外，看了郊外就了解了诸侯国，看了诸侯国就了解了整个天下。远近大小的国事，可以根据手中的图本来研究了解，这就像杨木匠在墙上绘画官衙房子的图样而完成工程一样。把有才能的人提拔上来，充分发挥他的本领，让他不必对任何人感恩戴德；把没有才能的人辞退，让他休息，他也不敢恼恨。不夸耀自己的才能，不自尊自大，虚图功名，不亲自去做那些微小琐碎的事情，不干涉众官的工作，每天和天下的杰出的人才一起讨论治理国家的根本道理。这就像梓人善于运用众工匠而不自夸手艺一样。这样以后，做宰相的道理才算懂得，各诸侯国才得到了治理。”

韩愈道:“子厚议论得非常恰当!经你这么一说,道理小中见大,就很清楚了。如果做宰相的人不能统领全局,就恰恰与你说的相反了。咱们想想,要是宰相每天都以谨小慎微,忙忙碌碌为大事,以抄写官署中的文书簿册为重责,还夸耀自己才能,妄自尊大,亲自做那些琐事,干涉其他官工作,做部下官吏应做的事拿来自己做,做完还在洋洋得意地夸耀自己,不知道自己丢掉了那些重大长远的事情。这不就是不懂为相之理么!”

刘禹锡道:“这就像木匠不懂绳墨可正曲直,规矩可画方圆,寻引可量短长一样,更甚者还要夺取手下的斧子刀锯替他们发挥技艺,到最终又完不成人家的工作。这不也是犯错吗?”

柳宗元道:“所以说宰相掌握为相之道,才能把国家治理得井井有条,宰相明白了为相之道,才称得上是真正的宰相。”

刘禹锡道:“如果房子的主人按自己的设想建房,不采用木匠的规划和经验,以后房子垮掉了,应该算作是木匠的责任吗?”

柳宗元道:“怎么不算木匠的责任呢?好木匠就不应该按主人的主观设想盖房子。你们想想,绳子、墨汁、圆规和尺的测量都很明确了,高的地方不能随意变低,狭小的也不能随意扩大。如果按照木匠的规划,房子就很坚固,不按规划,房子就很可能塌了。如果主人宁愿将来房子塌,那木匠师傅还有什么好说的,赶快离开就是了。我觉得坚持自己的主张,不妥协,才是真正的好木匠师傅!如果贪图钱财,容忍主人干涉,不坚持房子建筑原则,将来房倒梁歪,他还要推脱责任说不是他错,哪能这样呢?”

韩愈点头道："没错，这是一种终极责任。为相之道，应该坚持原则，不能被君主的私智所牵制。如果按照宰相制定的规矩办事，国家就会巩固，不按照宰相制定的规矩办事，国家就会衰败。如果君主不想着巩固国家，那么宰相就应该隐退，转身而去。"

三人讨论来讨论去，觉得非常有趣，柳宗元道："木匠师傅之道与宰相之道太类似了，我得把杨师傅这段故事特别写下来，给后来人看。"柳宗元通过杨潜论匠心来说明为相之道，最后写成一篇传记——《梓人传》。他积极探索着人生哲理，不断地塑造理想政治人物，他也希望成为这样德才兼备的人，为国家和人民贡献自己的力量。

种树先生的启示

柳宗元通过与种树专家郭橐驼的交谈，了解了“顺其天性”才是养树的最好方法，也是养民的最佳方式。

自任职御史台察院以来，柳宗元与刘禹锡除了监督官员的职责外，还经常下察民情。他们发现自中唐以来，豪强地主兼并掠夺土地的情况日益严重，所谓“富者兼地数万亩，贫者无容足之居”。仅有一点土地的农民，除了交纳正常的捐粟外，还要承受地方军政长官摊派下来的各种杂税。各地官僚为巩固自己的地位，竞相向朝廷进奉，加紧对下层的盘剥，制造了各种收税的名目，水陆通行、贩卖青菜水果、甚至家有亡人，都逃不开纳税。长久以来，人心惶恐，民不聊生。“安史之乱”本已让大唐的子民受到极大的创伤，而现实竟让人得不到喘息恢复的机会。柳宗元和刘禹锡看在眼里，急在心中。

转眼到了阳春三月，长安城中四处都是人们种树的身影，观林园和果园的主人都急着聘请种树的技师。柳宗元听到大家纷纷议论一个叫郭橐驼的种树人。

这位郭先生，人们并不知道他最初叫什么名字，见他患了脊背弯曲病，脊背突起弯腰走路像骆驼一样，就叫他叫“郭橐驼”。郭橐驼听到还觉得挺好，干脆不用自己原名了。郭橐驼家住长安城西边的丰乐乡，以种树为生，凡是长安城里经营园林观赏游乐的富豪人家和种树卖果盈利的人，都争着雇用郭橐驼。凡是郭橐驼种的树，或他移植过来的树，就没有不成活的。这还不算，这些树长得高大茂盛，结果实又早又多。也有人暗中观察他种树、养树的本领，偷偷效仿，却学不来，没人能达到他那样的程度。

等到郭橐驼被请来种树的那天，柳宗元前去观看。郭橐驼正在移植一行树苗。他小心翼翼地取来原来培育树苗的土，把土捣得很结实，又小心翼翼地移栽树苗，栽好后就放在那不再看。郭橐驼栽好所有的树苗后，柳宗元走上前去作揖，道：“在下柳宗元，大家都称赞您种的树活得长久又长得快，想请教您有何种树的秘诀？”

郭橐驼回礼，道：“倒也没什么特别的地方，我只不过顺应树木的天性，不去干涉它，让它按照自身的习性发展罢了。”

“哦？怎样做才算数顺应树木的习性呢？”柳宗元问道。

郭橐驼道：“但凡种树的方法，树根要舒展，培土要均匀，用土要用原来培育树苗的土，捣土要结实。这样做完了，就不要再去动树苗，也不要担心它长得好不好，离开后更不要再去看它。移栽树苗时要像对待孩子一样精心，栽好后放到一旁好像不要它们了似的，这样的话，树木的天性就能得以保全，它的本性就得到了自由发展。所以啊，我只不过不妨害它自由生长罢了，并非有能力让它长高长大。我也没阻碍它结果，也并不是有能力让它结果结得又早又多。”

听完郭橐驼这番话，柳宗元恍然大悟，道：“原来如此！难怪别人种树达不到这个效果。我见他们树根拳曲就换上新土，不是过紧就是太松，种完树后总去看它们，早晨去看了，晚上又去摸摸，太过溺爱。”

郭橐驼点头道：“没错，更严重的，有人还用指甲划破树皮看看树是不是还活着，摇摇树干看看栽没栽结实，这样对待树，树的天性就被人拘束住了，不能自由发展。你说这是爱树啊还是害树？是担心树还是跟树有仇？橐驼我种树哪有什么本事，我要做的就是什么都没做。”

柳宗元突然灵机一动，问道：“老先生，您说要是把这种树的道理转用到做官治民上面，是不是也可行呢？”

郭橐驼笑道：“柳大人见笑了，我一个种树的，哪里知道做官治民的道理？”他想了一会，接着说：“不过我在乡里时吧，看见那些当官的喜欢动不动就发号施令，看起来像是很心疼老百姓似的，他们哪里知道这是祸害老百姓呢！您看早上又晚上的，那些小官跑来就喊：‘上边有令：催促你们耕地，勉励你们种植，督促你们收割，早些煮蚕茧抽蚕丝，早点织布，养育小孩，喂大家畜。’一会儿打鼓招聚大家，一会儿敲梆子召集大家，这些小百姓本来干活干得挺好的，只要上面一有命令传达下来，梆鼓一响，谁也干不了活了，还要不吃不喝地倒空儿去慰劳这些小官。这时间一长，我们还干什么活啊，繁衍生息，民心安定，怎么可能呢？”

柳宗元道："老先生说得太对了，这样治民岂不就是扰民？这跟治树不能扰树真是一个道理。我向您请教种树，现在一举两得，还涉及了治民之道，收获真是大啊！我真得好好感谢您！"

郭橐驼作揖道："柳大人过奖了，您触类旁通，举一反三，我橐驼今天见识到了！柳大人何不把这种树的道理写成文章，就当作当官的鉴戒，不是很好？"

柳宗元拍手道："老先生说的是，我干脆就以您老为主人公写篇传记，把这养树和养民的道理写出来，您不介意吧？"

郭橐驼道："柳大人抬举我，我也能入传了！"

柳宗元回去后向刘禹锡谈起与郭橐驼老人谈话的经过，刘禹锡对其养树之道也大加称赞，道："养民之道正应该如此，我们前几日见到的官府频繁征收赋税的情况，如果加以扭转，像养树这样养民，那天下可就太平了！"

柳宗元望着春风中摇晃的青青树苗，心有所动，道："有朝一日，你我得到治民的机遇，千万不要错过，我们就可以像养树一样养好我们大唐的子民了！"

几日后，柳宗元写好这篇文章，名为《种树郭橐驼传》。这篇流传千古的传记在论养树之道时，这些写道：

> 橐驼非能使木寿且孳也，能顺木之天，以致其性焉尔。凡植木之性，其本欲舒，其培欲平，其土欲故，其筑欲密。既然已，勿动勿虑，去不复顾。其莳也若子，其置也若弃，则其天者全而其性得矣。故吾不害其长而已，非有能硕茂之也；不抑耗其实而已，非有能早而蕃之也。他植者则不然，根拳

而土易，其培之也，若不过焉则不及。苟有能反是者，则又爱之太恩，忧之太勤，旦视而暮抚，已去而复顾，甚者爪其肤以验其生枯，摇其本以观其疏密，而木之性日以离矣。虽曰爱之，其实害之；虽曰忧之，其实仇之，故不我若也。吾又何能为哉！

“顺木之天，以致其性”正是养树的法则，并由此推论出养民的道理。这种借传立说，因事出论的写法，别开生面。柳宗元和刘禹锡也正是这样一点一滴探讨着为官治民之道，为走向“永贞革新”不断积累着宝贵的思想经验。

三大文豪有分歧

柳宗元、刘禹锡、韩愈三人都在监察御史任上，三人对于时局有共同的看法，但对于王叔文的看法却大相径庭。

唐德宗贞元十九年(803)的秋冬季节，正是多事之秋。社会斗争的风暴即将来临，柳宗元正在不知不觉地走向风暴的中心地带。

仲冬时节，这天很冷，天空中飘着小雪花，柳宗元应刘禹锡之约，前去做客。

刘禹锡住在光福坊，在权德舆家的北侧，离杜佑家也很近。柳宗元家在亲仁坊，距离刘禹锡家一里多地，步行七八分钟也到了。因此柳宗元没有骑马，徒步前往。

柳宗元回忆起和刘禹锡的交往来。

贞元九年(793)，柳宗元进士及第。才认识刘禹锡，当年同榜中，柳宗元年龄最小，刘禹锡次之。进士及第后有一系列的庆祝活动，在这些活动中，二人更加了解，相互倾慕，从此订交，成为终身朋友。

贞元十一年(795)春天，刘禹锡通过吏部铨选，得到太子校书这一职务，认识了王叔文。并经常将王叔文介绍给柳宗元。如今已经八年，刘禹锡和王叔文的关系不一般，由于刘禹锡的强力推荐，王叔文也非常重视柳宗元。而德宗皇帝病重，太子接班是指日可待的事。太子对于许多弊政都深恶痛绝，故王叔文等人将革除弊端推行新政完全寄托在太子即位这一点上。最近，柳宗元、刘禹锡和王叔文的关系更加紧密，在王叔文身边，除刘禹锡、柳宗元外，还有几名新锐，都是意气风发，颇有才能和志向的年轻人。刘禹锡相约，是不是又有什么新动向？柳宗元这样想着。

来到刘禹锡家，见韩愈也在。柳宗元更加兴奋，因为这是他最敬佩最知心的两个朋友了。柳宗元和刘禹锡先后调任到御史台工作，韩愈则比他们俩早些日子出任监察御史，三个人在一个衙门，都正是年轻才俊，充满雄心壮志，都想干一番事业。平日里关系就不错，但因为都是在公开场合，有些话还是不能说得很透。今天是在刘禹锡的家里，当然可以畅所欲言了。

这一年，韩愈是三十六岁，刘禹锡是三十二岁，柳宗元最小，也三十一岁了，都过了而立之年。正是人生最好的年岁，都是意气风发的青年，都有澄清天下，造福万民之恢弘志向。

刘禹锡让家人烹制一壶上好的西湖龙井茶。茶香满屋，三人边品茶边议论起天下大事来。

刘禹锡是主人，寒暄之后先引入正题道："如今朝廷形势很紧张，朝野都感觉很压抑。目前京师里是人心惶惶，我们都在御史台任职，我们应该怎么办？退之年最长，见多识广，先发表一下高见。”

韩愈本来就愿意发表高论，见刘禹锡点名让自己先说，也就不客套了，开门见山道：“就目前天下大势看，确实是弊端丛生，应该进行一些改革了。尤其是最近，我到周围郊区几个县走了一圈，旱灾造成的灾害非常严重，很多百姓苦不堪言，可是政府和官吏只知道催逼租税，根本不管百姓死活。有的百姓已经卖房子卖地来交租税了。唉……”

韩愈打个唉声，不说了。

柳宗元看看韩愈，道：“退之兄说的是实情。我们正为之忧心忡忡。我这几天经常到东市和西市去，见那些穿黄衫的内侍经常打着宫廷购买的旗号强买民间商品，简直就是强抢，与强盗无异，百姓都敢怒而不敢言，这也是社会不安定的一个重要方面。我们都应该上书谏言。”

刘禹锡仔细听着两个人的发言，道：“二位所言极是。但我们现在应该谨言慎行。我们应该等待时机，否则我们的谏言也不会有什么实际效果。”

柳宗元似乎明白刘禹锡的意思，默默思索着。韩愈则不太清楚，便问道：“什么时机？梦得说的时机指什么？”

刘禹锡道：“目前圣上受困于群小，还不是解决这些问题的时机。太子很开明，对于这些弊端早就看在眼上，急在心里。如果太子执政，解决这些问题的时机就到了。”刘禹锡说。

“梦得原来是这个意思。听说太子身边有个谋臣，很得太子信任，言听计从，叫什么‘王叔文’？”韩愈也是直性子人，单刀直入。

刘禹锡见问，道："退之兄说得对，太子关注国事，急于改变目前民怨沸腾的局面，因此忧心忡忡。王叔文陪伴太子将近二十年了，与太子虽是君臣关系，但二人相互知心，非常默契。太子请他注意朝廷中德才兼备干练的官员，网罗人才以备将来大用。"

韩愈听着，转头问柳宗元："子厚，你也认识王叔文吧？你对王叔文看法如何？"

柳宗元见问，又是如此直接，不能不回答，便道："是的，我见过几次，感觉是位有正义感，思维敏捷，很有实际能力的干练之才。如果辅佐太子，能够干成一番事业。当然是梦得兄更了解此人。"

刘禹锡马上接过柳宗元的话道："我是在贞元十一年，登吏部取士科后，授官太子校书，到东宫任职时就认识王叔文了。那时他服侍太子已经十多年。最近接触更多，此人确实很有才能，虽然不能说经天纬地，但确实精明敏捷，谙练世事，最主要的是深得太子信任，一旦太子登基，改革弊端有望矣！"刘禹锡说到这里很兴奋。

柳宗元见韩愈怀疑的目光看着刘禹锡，便补充道："梦得说的对，太子可以寄予厚望，王叔文可以信任依靠。"态度干脆明确。

听到这里，韩愈脸上一片凝重，道："我听说此人是围棋待诏，就是下围棋的。不是科举出身，出身就不正。还听人说，此人急功近利，有些刚愎自用。当然我没有跟此人见过面，只是听说而已。你们两人要谨慎从事，切不要结交非人啊。”

刘禹锡一听，有点着急，他想不到韩愈对王叔文是这种看法。就解释道：“退之兄。不像你听说的那样，据说此人是十六国时前秦宰相王猛之后，其为人有雄才大略，而且处理事情很稳重，与其共事，应该不会有什么问题。”

韩愈接着问：“梦得说王叔文处事稳重，可有具体事例？”

刘禹锡说：“前天我还见到王叔文。他跟我说，太子对于‘宫市’之事非常焦急，想进宫直接奏明万岁，尽快取消此弊政。他劝太子不要急于奏明这些事情。太子之主要任务是晨昏问安，关心圣上之身体而不是急于过问政事。从这件事就可以看出他是谙练稳重之人。”

“是的。我也接触过几次王叔文大人，与其有过比较深入的谈话，确实如梦得所说，是位关心百姓疾苦，关心国家命运之人，而且深谋远虑，可以开拓新局面，是位可以信赖之人。”柳宗元也明确表达自己对王叔文的看法。

韩愈看看刘柳二人，见对方把话说得很明白了，也不好再说什么。只是说：“你们的看法我不置可否。但是我对于此人的德行和才能还是表示怀疑。我从很多有经验的朋友那里听说过对此人的非议。还听说有个书法待诏叫什么王伾，更是巧言令色之小人，而太子最信任这两人，恐怕将来误事也是这两人。对于你们俩追随他的政治前途感到茫然。我的几位前辈和朋友都提醒过我，说现在是非常时期，京师里各种政治力量明争暗斗非常残酷，现在究竟如何发展还不明朗，二位一定要谨慎才好。”

三个人关于王叔文的不同看法已经非常清楚，柳宗元立即表态道：“退之兄的美意我和梦得兄都完全领会了。但这种机遇千载难逢，而且当今天下纷纭，弊端丛生，百姓困苦，虽非生活在水深火热之中，也多数是流离失所，穷困潦倒，解民倒悬，重振国威，正在此时。太子仁义道德，王叔文大人精忠明敏，而且对我和梦得非常赏识和信任。这样的知音千载难逢，这样的机遇千载难逢，我们俩准备倾心跟随王叔文大人，共同辅佐太子，等待太子登基后干一番利国利民的大事。即使有风险，我们也只能往前冲，不能在天下需要的时候畏首畏尾退缩不前。”柳宗元的话干脆果断，掷地有声。

韩愈听罢，深情地说：“子厚、梦得，你们二位都是我的好兄弟，都是难得的人才和志士，说实在的，我很敬佩二位，所以一定要提醒你们，目前形势非常复杂，甚至说很严峻。请二位斟酌，不要搅入政治斗争的漩涡中。一旦搅入其中就难以抽身了。”

“退之兄之情意我们深深领会了。我们不会与小人为伍，会审时度势的。放心就是。”柳宗元和刘禹锡同时道。

“另外，我是不等什么时机了。百姓处在水火之中，我恨不得立即将其解救出来。数日前我已经递上《论天旱人饥状》，宰相和万岁都很重视。或许最近就有德音下达。”韩愈道。

“退之兄之胆识和魄力我们早就知晓。但愿早有德音。”刘禹锡道。德音是指减免京畿道百姓赋税的圣旨。

在对待王叔文看法上，韩愈和刘禹锡、柳宗元真的不同，韩愈接触的朋友中对于王叔文有微词的不是一两人。韩愈本人没有见过王叔文，当然无法做出直接的判断。既然三个人对于王叔文看法如此不同，内心都会有一丝不爽。

韩愈起身告辞，柳宗元也要走，刘禹锡见夜色很深，便送两人出去。临别时，刘禹锡当着韩愈的面对柳宗元说："王叔文让我们俩明天下午去见他。"柳宗元道："好！知道了。明天午后我们俩准时前去。"

雪花越来越大了，北风凄紧，韩愈和柳宗元都不由自主地裹了裹上衣。分别向不同的方向走去。

绝密会议待天时

在东宫一个密室中，十几个人的秘密会议在紧张有序地进行，会议形成一个共识——必须韬晦以待天时。

这是贞元十九年(803)初冬的一个夜晚。在东宫深处的一个非常隐秘的堂屋里，太子出席，王叔文正在主持一个非常紧急的会议。

我们还是先浏览一下参加会议的全部人员。

正座上的是太子，名叫李诵，唐德宗长子，唐肃宗上元二年(761)正月十二日出生于长安。如今已经四十三岁。但他的身体和容貌与年龄明显不符。身体显得非常软弱，坐在靠背椅上都显得有点勉强，看得出是硬坚持着。脸上布满皱纹，眼角的鱼尾纹很深，一看就是饱经沧桑。身旁左边站着一位三十多岁很有风韵的女人。她便是太子最宠爱最信任的牛昭容。右边站着一位二十几岁、相貌姣好的太监，此人名字叫李忠言，忠厚老实，谨小慎微，颇得太子信任和倚重。

主持人的位置上，是太子最信任和倚重的翰林待诏王叔文。此人是山阴(今浙江绍兴)人，刚过五十的年纪，眼神中充满智慧与刚毅。紧挨着他坐的是翰林待诏王伾，年龄和王叔文相仿，此人长相很滑稽，不是特别丑陋，但就是令人养眼，一看就想笑。一张娃娃脸，永远也长不大，圆乎乎的。此人还特别会说话，天生的幽默大师。他是以书法见长而被选进东宫陪伴太子，名为侍读学士，又是书待诏。

另外的人虽然年龄不一，但基本都在三十岁左右。他们分别是：韦执宜、刘禹锡、柳宗元、韩泰、韩晔、李景俭、吕温、陈谏、陆淳、凌准、程异。

太子简明扼要说明一下今天召集大家来的意图。大意说，如今圣上龙体欠安，朝廷中人心不稳，大家要注意动向，随时报告。现在局面复杂，大家一定要小心谨慎，不可张扬。太子说话的力气都不太大，有些有气无力的样子。说完，便起身离开，回内宫休息。

王叔文分析一下目前的形势，指出最关键的问题是太子要能够正常接班，如果一切正常，太子登基作了天子，一切才可以运行。因此现在就是要韬晦，要忍隐，目前各位千万不要直接提出什么政见。因为很多事情表明：现在已经有人在注意我们，因此从今天开始大家要少集会，少说话，不给对方以口实，耐心等待时机。散会后，人们分别在不同时间从不同的门出去。

柳宗元刚刚到家，就听到一个令他十分震惊的消息：监察御史韩愈被贬谪到遥远荒凉的阳山县当县令去了。

柳宗元的脑子迅速转起来，再思考这一消息传达出的朝廷政治斗争的信号。几天前，韩愈和自己还在刘禹锡家谈论世事，韩愈最后提到他已经向皇帝和大臣递上《御史台论天旱人饥状》了。

柳宗元在御史台工作，当然知道，同时被贬谪的还有张署和李方叔，而这两个人都在韩愈的奏疏上面签了字。如此看来，韩愈之被贬是与上奏疏有关。而奏疏内容直接揭露的便是京兆尹李实。说起李实来，柳宗元内心便升起一股无名火，有股莫名的冲动。

这李实简直就是当时的一霸，势焰熏天，今年天大旱，百姓困苦。但李实为了自己有政绩，欺骗皇帝，说什么虽然天旱，却不影响收成，税赋照收。致使一些百姓卖房卖地。有位叫成辅端的优伶，看不过去，便自己编造一些反映民生疾苦的顺口溜，想进宫唱给皇帝听。他先在外面开始演唱，等演唱熟练进宫再给皇帝后妃唱，替穷苦百姓唱出委屈和心声。

第一首歌唱道："秦地城池二百年，何期如此贱田园。一顷麦苗五硕米，三间堂屋两千钱。"三间堂屋才值两千个大钱，当时算一卦就要三百大钱，算七卦就可以买三间堂屋，可见当时京畿地区的经济已经凋敝到何等程度。这首歌很快走红，在长安城的大街小巷到处传唱。

李实闻听大怒，奏明皇帝说伶人随意侮辱诽谤大臣，令下人将其活活打死。全长安人都知道这件事，李实之劣迹也是人人愤怒，但敢怒不敢言。柳宗元以为韩愈的奏疏会起到一定作用，想不到因为这件事反而被贬谪。他这才意识到王叔文的意见是对的。多亏太子没有干预政事，否则后果还真是不好预测。可见皇帝身边大臣中维护现状的力量是非常强大的。什么宫市、五坊小儿，无论多么祸国殃民，皇帝不发话就是没有办法。还要蛰伏，不能暴露改革的意图。柳宗元暗自点头思忖着。

半年多时间过去，一切都维持旧貌。李实照样气焰熏天，五坊小儿照旧祸害百姓。管养鸟的小儿几个人穿着特制的服装，拿个网，看谁不顺眼就把网挂在大门口。人们便不敢出门。谁敢碰网，便说是耽误给皇帝捕鸟，抓起来问罪。有一次居然把网罩在一口井上，使附近的百姓无法汲水。给他们一些钱才会把网挪开。百姓对这些人恨得牙根痒痒，但无人敢反抗。

九月，落叶飘零。朝廷的政治局面如同这秋天，不见有什么起色，德宗皇帝的身体每况愈下，基本卧床，更不愿管事。这本来是太子机遇，但太子也开始添病，忽然中风，居然不能说话了。发音也是“罗罗”的，根本听不清楚说什么。情况越来越复杂，柳宗元的心纠结得很。

春节到了，其他王子公主都到德宗病床前问安，只有太子这几天病重不能前去。德宗伤心至极，流泪不止，唉声叹气。病情立即加重。宫中严密封锁消息。连续二十天，人们都不知道两宫情况。皇帝要死，太子病重，可究竟如何，外人根本不知道，人心惶惶。

癸巳日（二十三），德宗归天。仓猝之间，急忙召翰林学士郑䌹和卫次公到金銮殿议事。当时形势极其紧张，人们一个个都绷着脸不敢说话。卫次公说：“马上草遗诏，太子继承大统。”有两个宦官小声说：“禁中议论，所立尚未确定。”所谓的禁中就是宦官集团。

当时宦官势力太大了，德宗蒙尘后，只信任宦官，于是把左右神策军的指挥权交给宦官。从此，宦官紧紧把握禁兵大权，那是保卫皇帝和皇宫的军队，握有极其重要的权力。所以他们的意见分量可想而知。

几位大臣面面相觑，还是卫次公有胆识，说道："太子是嫡长，位居东宫多年，深得百官和万民拥戴，这没有疑问。虽然身体不好，尚能临朝。逼不得已，也要立广陵王，否则必定大乱。"广陵王就是太子长子李淳。卫次公的话坚决果断，有理有据，似乎没有反驳的理由。这才决定由太子登基。

太子宫中，王叔文、王伾、刘禹锡、柳宗元都在。这些日子，这几个人几乎吃住在这里，因为太子是否能够顺利接班是一切设想的前提。

众人正在焦躁之时，宫中秘密传来消息，通知太子圣上已经驾崩，遗诏太子即位。大家悬着的心全部落下来。为稳定人心，太子来不及穿孝服，而且德宗死也没有公开，于是急忙穿着常服，紫衣麻鞋出九仙门召见左右神策军的军官。军官见太子还能出来，这才无话可说。

两天后的丙申日，在太极殿举行简明的登基仪式，太子穿上龙袍，文武百官举行三拜九叩的大典。百官开始还心有疑虑，都在很远的距离仔细看，有的揉眼睛，有的跷脚，见果然登基的是老太子，有的都高兴得哭了。这一天，是永贞元年(805)正月二十六。

参加完仪式，柳宗元回到家里两腿发软，倒床上便睡着了。这些日子，把他熬坏了，紧绷着的神经这才松弛下来。

新政艰难出笼日

王叔文集团艰难地获得执政的机会，又艰难地推出第一个新政。但新政的推行到底效果如何？柳宗元和刘禹锡热切期待着。

太子登基，当上皇帝，处在权力的顶尖，这对于王叔文和柳宗元等人来说，是最关键的一步棋。如果这步棋输掉，一切都免谈，什么改革，什么解民倒悬，都要付之东流。

太子顺利登基，一切都不一样了。太子成为皇帝，从太子府搬入皇宫，再也不用胆战心惊害怕被废黜了。太子府的侍从也都跟着进入皇宫，摇身一变，都成为皇帝的侍从了。

但是新的政权和新的执政方式需要一段时间的磨合，需要得到社会各种势力的认同。太子当皇帝后史称顺宗，我们姑且也如此称呼。

我们简单描述一下当年政权运作的情况。太子是硬挺着把简单的即位仪式搞完，回到后宫便躺下了。数日不能起床。而新政权就要接管，就要运作了。皇帝的身体无疑是最要命的问题。

但顺宗有纠正父亲晚年执政中许多弊端的强烈愿望，王叔文有解救民间疾苦的强烈愿望，柳宗元、刘禹锡等青年后进有在推进社会进步改革的过程中建功立业的强烈愿望，这些强烈愿望汇集在一起，便产生一种抓紧时间、雷厉风行推行新政的动力。但皇帝不能亲自召开大臣开会，也不能出席宰相会议，一切政令都通过一些不正常的渠道传达到外面。

顺宗皇帝在得病以前，也爱接触王伾而敬重王叔文。王叔文有文人之品格和尊严，而王伾具备弄臣之特点，胁肩谄媚，挤眉弄眼逗顺宗开心。因此，最里面的大臣便是王伾，但是王伾也不能直接和顺宗对话。直接和顺宗对话，沟通内外意见的是牛昭容，这是顺宗最宠信的妃子。为人美丽有智慧，且很忠诚，识大体，是难得的皇宫内眷。她把顺宗的意见传达出来，再把王叔文等人的意见传达进去。第二道程序是宦官李忠言，这是极其忠诚顺宗又有正义感的宦官。与牛昭容直接对话的是他，他再把牛昭容传达的顺宗意见传达给王伾，王伾则再传达给王叔文。王叔文和柳宗元、刘禹锡、韩泰、韩晔、陈谏等人再具体商讨，拿出意见，写成诏书，再经过这些环节到顺宗那里点头批准。等顺宗批准，正是形成圣旨后，再把圣旨传达到政府机关即议事堂，宰相办公商议大事的地方，再贯彻实行。

其实，从革新派的意见到顺宗那里便有许多中间环节，而政治上的中间环节是最大的弊端。中间有一个环节出现问题，这两端的意见就变味了。中国政治尤其是宫廷政治的这种弊端可谓是重症和多发症。汉武帝戾太子之死，唐玄宗太子李瑛被陷害，都是这个原因。

这一切关系都理顺后，革新派要开始进行大刀阔斧的改革了。由王叔文主持的革新派主要成员在翰林院一个侧面小屋里召开秘密会议，研究第一刀砍向谁，砍向哪里。

因为这是新政权出台的第一个大动作，因此大家都很激动。一个总的指导思想是：首先解决民怨最大的问题，由此取得百姓的拥戴，朝廷大臣们也就不会说什么了。最后大家拟定几件大事：这几件大事是：一，“宫市”祸害很重，民怨很大，是宦官敲诈百姓的一个重要手段，要立即废除。以后再有宦官敢打此旗号者，严惩不贷。二，五坊小儿也是大害，立即罢免。三，京兆尹李实欺上瞒下，贪赃枉法，民愤极大，立即罢免，外放为远州小官；四，前朝大忠臣陆贽、阳城、郑余庆都是百姓爱戴的好官，立即召回京城重用。

意见非常统一，由柳宗元起草圣旨。圣旨简明扼要，深刻尖锐。王叔文派人立即送给王伾，王伾直接交给李忠言，李忠言以最快速度交给牛昭容，牛昭容直接给顺宗读，每读完一项内容，顺宗都点头说：“好！好！好！”声音虽不大，但却很清楚。等所有内容都阅读完，顺宗除了说“好”之外，就是兴奋和期待。牛昭容在上面盖上玉玺，圣旨正式生效。

当天下午，得到顺宗批准并盖好玉玺的圣旨便传回到翰林院政事堂。王叔文、柳宗元、刘禹锡等都在等待，虽然觉得皇帝能够批准，但见不到盖好玉玺的圣旨还是不能完全放心。

圣旨到手，明天早朝就要宣布实行了。大家都很兴奋，这是顺宗即位以来第一次新政出台。然后再一步一步深入下去，国家中兴的局面指日可待。

柳宗元和刘禹锡同路回家，二人骑马而行。暮春时节，草长莺飞，气和景明，二人心情特别好。因为今天圣旨内容还处在绝对保密的时候，二人不能谈及，但又感觉很多话要说，柳宗元夫人去世后没有再娶，刘禹锡家庭和美，于是便共同到刘禹锡家小酌。

三杯酒下肚，刘禹锡开始兴奋起来，道："子厚啊！在位不在位就是不一样，有权没权就是不一样。我刚刚反思一件事，当初我们俩和退之都非常痛恨李实欺上瞒下，大肆贪污，然后再用贪污来的钱买通皇帝身边的宦官和权臣，根本不管百姓死活。咱们的好友几乎无不痛心疾首，但都无可奈何。"

说到这里，停顿一下，端起酒杯和柳宗元碰一下，对视一下，眼睛里都是喜悦。二人都没有说话，刘禹锡接着说："先说白居易吧！他创作《杜陵叟》，其中写道：'杜陵叟，杜陵居，岁种薄田一顷余。三月无雨旱风起，麦苗不秀多黄死。九月降霜秋早寒，禾穗未熟皆青乾。长吏明知不申破，急敛暴征求考课。典桑卖地纳官租，明年衣食将何如？剥我身上帛，夺我口中粟。虐人害物即豺狼，何必钩爪锯牙食人肉？'可谓入木三分，尖锐犀利，但只能是造造舆论而已。李实照样专横霸道，照样聚敛贪污，不能解决问题。"

听到这里，柳宗元道："我也在想李实的问题。韩退之奋不顾身弹劾李实，但由于李实势力太大，结果倒把韩退之贬谪到那个以前都没有听说过的什么阳山。也不知他现在情况怎么样？

我倒很想念他。那是一个性情中人,学问渊博,与你我都在伯仲之间。本来想我们共同联手干一番事业,想不到他对王叔文大人看法如此不好。”

柳宗元说到此处,有些感伤。刘禹锡接过话头道:“我当初请他到我家来,那天把你也请来,就是想要动员他跟咱们一起干。唉!这个话题就不说了。退之因为弹劾李实而被贬,李实却被我们扳倒,我们也算替退之出了一口恶气。退之听到这个消息一定会很高兴的。来,我们共同祝愿退之能够挺过这一难关而干一杯!”说完,一仰脖一杯酒下肚。

“好!”柳宗元也一仰脖喝干一杯酒。提议道:“明天早朝就会宣布圣旨,下朝后我们穿便衣到东市去查访一下民情,看看百姓的反应。”

“好!就这么定。”二人又碰杯干了一个。

市井欢呼新政好

王叔文变法中，将大贪官李实贬黜出长安城，引起市井欢呼，很多青年怀揣瓦砾砖头到路边等着要打他。

唐代长安的商贸中心便是东西两市，都在皇城南大街的南面，东西对称。东市全部是国产货，西市全部是外国货。外国货主要来源是两条途径。一是通过西域的丝绸之路，将中东的货物源源不断运送进来，另一来源是通过东海岸引进的南洋货物。而西市便是这些货物最好的销售场所，共设有四百多个摊位，琳琅满目，海陆俱全。东市则全部经营国产货。都各有几百个档口，货物齐全的状况难以形容。

当年的长安人，尤其是妇女都喜欢逛街，而逛街的人往往都要到两市去。口头语常说："去东西两市买货物。"因为到东西两市买，一省略便说："走啊！买东西去。"实际表达的是到东西市场买货，为简便就说"买东西"，久而久之，货物就成了"东西"了。

这两个市场一到辰时便非常热闹，人头攒动，摩肩接踵。在熙熙攘攘来往的人流中。两位英姿飒爽的中年人格外兴奋，他们便是柳宗元和刘禹锡。

见前面一个档口人特别多,店主人在大声说着什么。二人便向那里走去。走近一看,是一个卖日用百货的比较大的店面,一位中年男子在大声招呼顾客道:“众位客官,众位姊妹,本店货物,今天一律八折出售。不是清仓,不是甩卖。而是庆祝取消‘宫市’。这几年来,黄衣使者们动辄用皇宫名义来强行购买,随便给点东西,不准讲价。我这店面百货俱全,几乎每天都被弄去一两样。敢怒不敢言,真憋气啊!现在好了,圣旨传达下来:取消宫市!宫市取消!圣明啊!”

附近几个店面的老板也遥相呼应:“圣明!圣明!”

这时,一位二十多岁的小青年高声说道:“还有好消息呢!不知众位知道否?”

“还有什么好消息?快说?”另外几个小青年吵吵嚷嚷。

“大贪官京兆尹李实被贬为通州长史了!今天晚上就得滚出长安!”

“真的吗?真的吗?”

“那还有假,告示都贴出来了!”

“那还逛什么!这几年这个大贪官可把咱们欺负苦了!压榨苦了!还不找个地方喝酒庆祝,然后预备点砖头土块打这个王八蛋!也出出这口气。”

“对!听这位的。”

“走,喝酒庆祝去!”

呼啦啦走了一大群,小青年居多,也有中年人。柳宗元和刘禹锡对视一下,微微一笑。二人会意,跟着这帮人也看看热闹。

这帮人一边走一边大声喧哗，吵吵嚷嚷的。听说大贪官李实被贬，人们都显得很兴奋，有的干脆入伙跟着走了。

将近中午，二人看着那些人进了朱雀门大街旁的一个大饭店。柳宗元道："咱们俩也到对面那个小店喝点。"

二人点了四盘可口的酒菜，要两壶上等清酒，边喝边聊起来。

"开局不错啊！"刘禹锡豪爽乐观，喜上眉梢，喝了一口酒说道。

柳宗元道："梦得兄所言极是，开局确实不错。但这只是开头而已。这次新政的几条措施，都是社会热点问题，主要针对的是宦官，没有直接碰到真正的权贵利益阶层。硬仗在后面呢！"柳宗元总是没有刘禹锡乐观。

刘禹锡道："管他什么硬仗呢！兵来将挡水来土掩。以后的事以后再说，今天万民欢腾的情景便令我们开心！"

"说来李实也真够惨的。当了几年地方的父母官，竟落得如此的下场。如果为政到如此地步，乃人生最大之耻辱，最大之悲剧！"柳宗元很感慨。

刘禹锡道："'荣辱之来，必象其德'，百姓是最有良心的，也是最有战斗力的。看看几十年前杨国忠及其子弟之下场，再看看今日李实的下场，便可知道人心不可辱，天地良心不可辱啊！"

"天心来自民心，我们当以此为戒，一旦我们当地方官，一定要爱民，和百姓如鱼水，真希望有这样的机会。"柳宗元感叹道。

忽然，外面吵吵嚷嚷起来。

原来，那群人吃完饭，有的有酒气，有的打着饱嗝，每人手里都有东西。有的拿半截砖头，有的拿土块，有的拿破瓦片，有的拿臭鸡蛋，有的拿西红柿，反正没有空手的。骂人的，斥责的，说什么难听话的都有，一边走一边有人加入。他们知道去通州应该走东面的怀远门，于是都往通向怀远门方向的大街两旁等着。中唐以后，凡是被贬的官员，在被贬当天必须出城，不能逗留。

这样，李实是在今天上午接到圣旨的，晚上关城门之前则必须出长安。去通州则应该走怀远门，因此这些人便都手中持物等候在大街两旁。

二人完全没有了心情，他们虽然对李实不满，但绝不愿意看这种被人侮辱的情景。二人回家。次日听说，李实没有敢走大街，而是绕弯走，都钻小胡同，从一个侧门偷偷出城了。到底是在这地方做官，地理熟悉，化上装，偷偷摸摸就溜出去了。那些人白白等了两三个时辰。

关于这段故事，司马光有明确的记载："辛酉，诏数京兆尹道王实残暴掊敛之罪，贬通州长史。市井欢呼，皆袖瓦砾遮道伺之。实由间道获免。"(《资治通鉴》卷二百三十六)"市井欢呼"四个字便可知是很大的场面。

出师未捷身先死

变革本来就阻力重重，顺宗病情却每况愈下，在暗中决战的时刻，革新派主帅王叔文的母亲去世，他必须离开战场，于是悲愤地吟诵“出师未捷身先死，长使英雄泪满襟”的诗句离开。

三月末的一天夜里，柳宗元失眠了。

新政推行的前一阶段还比较顺利，但越向前推进遇到的阻力就越大。

柳宗元感觉到问题非常严重，他感觉自己仿佛坐在一辆疾驰的马车上，车上的主人已经病入膏肓，而驾驭者并没有控制马车奔跑的能力，任凭马车颠颠簸簸在危险的道路上。柳宗元在反思着自从参加王叔文集团以来发生的事情。

王叔文比较有智慧，他知道改革也好，推动新政也好，钱是非常关键的。谁掌握财权谁才可以干事。于是他将威望甚高的大臣杜佑调回朝廷担任宰相，出任盐铁转运使，把握财权，王叔文担任副使，刘禹锡担任屯田员外郎，屯田员外郎主管天下田地以及京师官员职分田，同时协助盐铁转运使工作，类似办公室主任的角色，这样，财权基本控制在革新派手中，是比较成功的。

但自从第一次大规模推行新政以来，改革的道路就很坎坷。顺宗皇帝的身体没有恢复的迹象，病情日益加重，不能亲自参加会议，接见官员。前些日子推行的新政已经得罪了大批宦官，宦官的群体力量简直太大了。以俱文珍为首的宦官小头目们已经几次发难，都被李忠言等维护新派的宦官挡住了。而皇帝的病是第一要害，也是敌对势力夺权的最大的借口。

由于新派确实掌握了权力，被这些人推荐者多数可以进入权力中心。于是一大批追逐名利的人便千方百计和新派人物交往，送礼送钱送金银的络绎不绝。当然人们都知道二王的权力最大，所以这两个人的家门口都被送礼的人堵住了。王叔文是根据求职者的素质适度推荐，很有分寸，而且不接受礼金。王伾则狮子大张口，只要给足够的钱便直接写进推荐的名单。买官的人见王伾这里容易成交，便如同屎壳郎找到了大粪堆，全都盯上了。王伾收的钱太多，小钱匣已经装不下，于是用一个特大号的紫檀箱子装钱，夫妻晚上就睡在上面。王伾已经变质为守财奴。这种事情影响非常恶劣，这又是敌对势力反击的突破口。

王叔文急躁而缺乏策略，缺乏人望的弱点也越来越明显，而作为革新派领军人物，这样的弱点也是致命的。柳宗元脑海里出现昨天下午开会时的镜头。

有位名叫窦群的侍御史，先是上奏疏，弹劾刘禹锡，指责屯田员外郎刘禹锡“挟邪乱政，不宜在朝”。在这次雷厉风行的变法中，王叔文是总指挥，而刘禹锡便是急先锋，冲在最前面。

窦群上完奏章后直接去见王叔文，对王叔文一揖道：“事固有不可知者。”王叔文问：“何谓也？”窦群道：“去岁李实怙恩挟贵，气盛一时。公当时逡巡路旁，乃江南一吏耳。公今一旦复据其地，安知路旁无如公者乎。”说罢，长揖而去。窦群话的大意是：去年当李实仰仗皇帝的信任飞扬跋扈的时候，你王叔文在路边小心翼翼地躲着，不过是江南一小吏。如今你王叔文一旦占据李实的位置，怎么知道路边没有像你王叔文一样心情的人？王叔文原来的官职是苏州司功参军衔，所以窦群说他是江南一小吏。这是公开的叫号。

王叔文气得脸色发青，看着窦群离开的身影，他狠狠挥了挥拳头。就在当天内部会议上，王叔文提出将窦群贬谪，并派柳宗元去直接向韦执宜说明情况。柳宗元虽然从内心里不愿意去，但刘禹锡属于当事人，本人去不合适，而窦群直接叫板的是革新集团，具体指责的是王叔文和刘禹锡，柳宗元没有办法推托，只能前去向韦执宜说明。

韦执宜告诉柳宗元，朝廷内部斗争非常激烈，他虽然是宰相之一，但还有杜佑等几名原来的老宰相。这些人对新政似乎没有太大的阻力，但在任用官员方面有许多不同看法。虽然经常用皇帝来压对方，但不能所有问题都用皇帝来说事。何况贬谪窦群肯定不是皇帝的意思。如果再说皇帝的意见，就是欺君。

看着韦执宜哭丧着的脸，柳宗元也感觉到问题的严重。韦执宜说：“窦群历来有直名。又没有明显问题，指责王叔文大人是当面，也没有上奏疏，也没有诽谤。根本没有办法定罪。怎么贬谪？”柳宗元是最明理之人。便道：“韦大人，我看我们现在应该研究从根本上解决问题。如果这个问题解决了，即使我们的新政失败，只要我们把这问题解决了，一切代价都值得。”说到最后，柳宗元压低了声音。

韦执宜向前挪动一下座位，二人窃窃私语很长时间，只见二人的表情或深思，或皱眉，或微微点头。最后二人击掌为誓，要戮力同心，共同完成这项事业，其他都微不足道，这才是最关键的一步。

想到这里，柳宗元感觉有点口渴，起来喝一杯水，冷静一下头脑。由窦群，他忽然想到韩愈，韩愈和窦群以及窦氏兄弟的关系不一般。韩愈当年随着嫂子郑氏在江南避难时在宣城住过几年，而窦氏兄弟便是宣城望族和名人，韩愈曾经跟他们学习过写作文章，与窦氏兄弟关系非常亲密。韩愈对于王叔文看法不佳大概便与他的人际交往圈有关系。窦群对王叔文的奚落，绝不是个人关系问题，而是代表一大批朝官的意见。对王叔文的奚落与指责，是针对整个变法派来的。想到这里，柳宗元更加感觉问题的严重。

本来，柳宗元和刘禹锡想在适当的时机把韩愈从那个从未听说过的兔子不拉屎的阳山调回来。可是这种时机一直没有出现，一切都只能在下一步行动完成之后再考虑了。“唉！退之兄啊，不是我和梦得不够意思，是我们现在实在没有办法啊。你再坚持一段时间，等我们把这件事办完，就可以缓一口气了。”

次日，王叔文主持的秘密会议在紧张进行。按照柳宗元提出的方案，会议通过一项重要的决议，再由柳宗元起草圣旨，经过王伾呈交李忠言，李忠言再呈交给皇帝身边的牛昭容，各个环节都强调这次提议的重要。顺宗头脑是很清楚的，当即同意，圣旨顺利得到批准。王叔文、柳宗元、刘禹锡等人这才松了一口气。

圣旨下发到宰相会议，由于韦执宜事前有充分的准备，在宣布圣旨和提出自己的意见时理由极其充分，对方没有办法驳回。而且客观地说，其他宰相也都深刻理解这到圣旨的本质目的，于是没有坚决反对的意见。圣旨在宰相会议上得到拥护。立即分步骤开始实施。

那么，这是什么圣旨呢？宦官势力在唐玄宗朝由于过分宠信高力士而开始膨胀，但高力士只是官位高，因为和玄宗的关系通过玄宗来干预政事而已。他对于玄宗是非常忠诚的，故还没有太大的祸害。

肃宗、代宗两朝宦官势力继续膨胀，但还没有形成心腹之患，因为宦官手中没有兵权。由于朱泚趁乱造反，德宗逃跑到奉天，对于一切大臣军官都不信任，就信任宦官，于是把左右神策军的军权交给宦官。当时负责保卫皇宫和朝廷安全的武装力量主力是左右神策军，直接领导就是神策军使，再有一名共同的领导就是神策军中尉，这三个人控制全部军队。德宗便让自己最信任的三个宦官具体负责这项工作。从此，皇帝禁卫军的大权就落在宦官集团手中。

目前，顺宗虽然登基两个多月，但对于禁卫军的兵权并没有有效的控制，内廷是李忠言为首的几名宦官，忠实于顺宗和革新派，但其势力范围紧紧局限在皇宫内。而外廷则是以俱文珍为首的武装集团。革新派开头几刀主要都是砍向宦官集团的。如“宫市”和“五坊小儿”便都是宦官集团中饱私囊的最便捷的途径。如今这两项全部取消，断了许多宦官的财路。很多宦官眼睛都红了，对于新皇帝和王叔文集团恨之入骨。这是肘腋之患，如果这批人发动军事政变，太容易了。因此，不能控制左右神策军，皇帝宝座就不稳，其他一切都不必说了。

新的圣旨是这样措置的：由在军界有威望，战功赫赫的老将军范希朝为左右神策、京西诸城镇行营节度使，韩泰为行军司马。范希朝的职务便是皇帝所有禁卫军的总首领，不但领导左右神策军，而且领导在外地驻扎的属于皇帝禁卫军的所有部队。包括派到各个节度使去的监军。而作为行军司马的韩泰，则是副手，类似现代的总参谋长。

这种安排，是王叔文集团苦心经营的。

范希朝，字致君，河中虞乡（今山西虞乡县）人，为唐朝名将，因他长期镇守边境，卫国安民，当时很多人将他比于汉朝的赵充国。他在镇守边境期间，还招突厥别部沙陀族一万余人内附，从此沙陀成为唐朝一支征战的劲旅，对我国历史产生着深远的影响。范希朝生性廉洁，颇有惠政。范希朝早年投从邠宁节度使韩游瑰任别将，在四镇之乱中，曾与叛军进行了频繁的战斗，积战功不断升迁至御史中丞。范希朝治军严整，声望渐著，唐收复长安后曾被安置在神策军中任职。其后，多年担任节度使，清廉自持，管理才能极高。贞元末年，范希朝年岁已高，不断上表请求还朝。唐后期节度使权重，专断一方，很多人贪恋此位，不愿离去，范希朝主动要求去任还朝，是很罕见的，此举使唐德宗非常高兴，于是召范希朝还朝，拜检校右仆射（相当于宰相），兼金吾卫大将军。

范希朝在贞元初年曾经在神策军中担任过军官，对于管理禁卫军有经验，而且是朝野敬重的老将军，因此起用范希朝来夺取全部禁卫军的军权无疑是招妙棋。范希朝为人淡漠，没有功名利禄之心，天下人都知道是位德高望重的大君子，不会对他进行防备。

范希朝和韩泰带着几名警卫先到奉天，因为当年德宗曾经在这里住过几年，这里保留了一定数量的禁卫军编制。故范希朝和韩泰先到这里来接收兵权。

开始，宦官集团还没有注意这个问题，等范希朝和韩泰到这里接收兵权时，才引起宦官头目俱文珍、薛盈珍等人的注意，他们立即认识到这是王叔文集团在夺取他们手中握有的禁卫军兵权，大怒道："如果兵权被夺，我们这些人死无葬身之地矣！"于是立即派出心腹秘密通知所有的军官都不要把军权交出来。所谓兵权无非是兵符印信等能够调动军队的东西。范希朝和韩泰到奉天召集诸将，结果没有一个人到场。斗争一下子到白热化程度。

宦官联系朝廷另外几位大臣，提出万岁身体如此状况，要尽快立太子，安定人心。顺宗长子广陵王李淳英明睿智，很有主见，因此顺宗身边的几个主要人物牛昭容、李忠言、王叔文等都不希望立他为太子。但立太子是当务之急，没有办法阻挠。于是，杜佑、郑絪、卫次公等老臣都直接参与这项决定国家命运的大事。当众人齐集，有人问及太子人选时，卫次公和郑絪说："这不需要商量！广陵王是嫡长子。聪明仁慈，天经地义。"立即请示顺宗，顺宗点头，于是确定太子。满朝文武都欢天喜地，只是王叔文默默不乐。应该说，这种态度是王叔文集团的致命伤。

素有威望的老臣杜黄裳是韦执宜的岳丈，被奸臣裴延龄所陷害，被贬谪十多年。韦执宜当上宰相后，将其调回长安为太常卿。杜黄裳回来，韦执宜必须前去看望。这时刚刚立太子不久，杜黄裳对于朝廷状况十分清楚，劝韦执宜道："何不率领群臣请求太子监国？""监国"就是代理皇帝实际掌管天下的意思。韦执宜非常惊讶，道："岳父刚刚从贬所回来，不应当过问如此大事！"杜黄裳道："不要以为给我调回来就可以左右我的意见。这是军国大政。你当深思。"

王叔文知道给自己的时间不多了。柳宗元、刘禹锡等也都感觉到形势的严峻性。只能等范希朝和韩泰接管禁卫军大权了。如果成功，禁卫军控制在王叔文集团手中，还可以继续推行新政。

韩泰回来，向王叔文等汇报到各处的情况，无一例外，召集军官会议都没有一个人到场，接管禁卫军指挥权的策略完全失败。听到这个消息，王叔文立即脸色煞白，连连叹气，无可奈何。"屋漏偏遇连天雨"，王叔文家人紧急来报："老夫人"在早晨去世，请王叔文立即回家料理后事。

王叔文听到这个消息，无异于五雷轰顶一般。这位五十多岁的钢铁汉子，再也经受不住连续的打击，立即流下两行热泪，仰天长叹道："出师未捷身先死，长使英雄泪满襟!"满屋的人都沉默无语。王叔文简单安排一下，便离开朝廷回家为母亲守丧去了。

柳宗元、刘禹锡等也悻悻离开那个经常开会、经常充满激情的地方。

一个月后，令太子"勾当军国政事"，实际就是掌握实际权力。八月，顺宗退位内禅，当太上皇。太子即位，是为宪宗。顺宗政权的班底即王叔文集团全部被边缘化。不到一个月，王叔文、王伾、柳宗元、刘禹锡等全部被赶出朝廷。十一月，韦执宜、刘禹锡、柳宗元、韩泰、韩晔、陈谏、凌准、程异八人被贬为远州司马，史称"八司马事件"。

母亲病逝龙兴寺

元和元年的岁末，丙戌年五月十五日这一天，母亲在永州龙兴寺里静静地合上了眼睛。望着远去的灵车，柳宗元抑制不住内心的悲伤。

唐代的永州下辖四县，零陵、祁阳、湘源和灌阳，辖境包括今天的湖南西南部和湖南、湖北交界地区。“安史之乱”后，由于藩镇割据，不少地方输赋税，湖南成为朝廷财赋主要来源地之一。永州居民大量逃亡，户口锐减。柳宗元到达了湿热的贬所永州，迎接他的是一派荒僻，荒僻到他心生不祥的感觉。回顾身后随他而来的七旬老母亲，母亲的侄子、他的表弟卢遵，堂弟柳宗直以及十岁的小女儿和娘，柳宗元愧疚得很，到底，他连累了每一个家人。还要承受多少困难，他都无法预测。

第一个难题就是没房子住。这主要和柳宗元的职务有关联。柳宗元职务的全称是“永州司马员外置同正员”，相当于现在地级市的助理巡视员，其官阶虽然与“正员”同样是六品上，却是个编制之外的闲职，按照制度“不得厘务”，也就是不得干预政务。不干预政务的官员，永州州府自然没有安排住房的义务。柳宗元一家老小一到永州就无家可归了。

好在唐代寺院有接纳客居的习俗。潇水东岸有一座古寺叫龙兴寺，据说这是三国时期蒋琬的故居，吴军司马吕蒙也曾居住过。寺院里的住持叫重巽，很有正义感，见柳宗元一家这样落魄，就邀请柳宗元一家住进龙兴寺的西厢房。面对这雪中送炭之举，柳宗元感激不尽，他别无选择，与家人入住龙兴寺。

龙兴寺破旧至极。推开院门，一院鸟雀惊起，扑棱棱四向飞散，无边的荒草漫过石阶，缠绕在残缺的古钟上，遮蔽着阳光，滋生着荒凉。西厢房更是潮湿闷热，阴阴暗暗。重巽建议柳宗元在西墙上开扇轩窗，让光线透进来，又能通风，岂不更好？于是，几日后，柳宗元独坐西厢房的窗前，可以俯瞰奔流东去的潇水，远处西山一片苍苍莽莽，近处柳枝绽放新芽，绿染草地，花开蝶舞。不知不觉中，春天来到了。

可柳宗元感受不到这春意。母亲卢氏自入住龙兴寺后就一病不起，她似乎再没有精力应付眼前事了。柳宗元的妻子杨氏早在六年前就去世了，柳宗元一直未续弦。如今母亲重病，缺少贴心的女子照料，也是一个遗憾。

这晚，柳宗元服侍卢氏进食，可卢氏水米难进。她虚弱地摇摇头，示意柳宗元把碗筷放到一边。喘气平息后，卢氏看着柳宗元，说："宗元，我大概时日不多了，你也做好准备吧，我走后一定把我运回长安，同你父亲合葬。"

柳宗元心里十分难过，他跪在卢氏床前，哽咽难言。卢氏见状，知道他心中不安，叹气道："宗元，你要记住一件事——通达的人从来不回忆过去的事，我这一生就从来没有因为过去的事不开心。我希望你做一个真正通达的人，这样我也死而无憾了！”

柳宗元深深俯首，他怕一抬头就忍不住流泪。母亲的话是一针宽慰剂，用来为横遭贬黜的儿子解忧，而他却无法心安。他轻声问道：“母亲还有什么心愿未了？”

卢氏神色凝重，她语重心长地说：“因革新一事获罪，错在你没有恭敬对待宪宗皇帝而已。如今已经获罪了，记住教训就是，你以后必须谨慎行事，恭敬对待宪宗皇帝，万不可大意啊！”柳宗元连连称是。

宪宗于永贞元年八月即位，改年号为元和，同时颁布大赦令，贬官大多遇赦回朝。但诏令中也明确规定：“八司马”不在大赦之内。与此同时，宪宗下令赐死“永贞革新”集团首要人物王叔文。王叔文离世后，“二王”中的王伾也病逝在贬所。柳宗元接到这个消息后，知道这意味着他不可能得到赦免，而说不定哪一天诏令传下，他也在劫难逃。如今看来，母亲果然高瞻远瞩，他自当谨记。

元和元年的岁末，丙戌年五月十五日这一天，卢氏静静地合上了眼睛，享年六十八岁。第二年，柳宗元的表弟卢遵护送卢氏的棺椁北归长安，与柳宗元的父亲柳镇合葬。

“我现在是戴罪之身，不能离开永州，母亲安葬的事，一切都靠你了！”柳宗元对卢遵说。作为一个几乎和流放的囚徒相似的谪吏，柳宗元没有活动的自由，如果朝廷没有命令，他不得跨出永州一步。

“表哥放心，姑姑的后事你不必过虑，我一定会处理好的。”卢遵说。

望着卢遵一行人离去的背影，柳宗元百感交集，回顾母亲的一生，他再也控制不住内心的悲伤和哀痛：父亲离去、母亲孀居，独自抚养教育他，“永贞革新”的日子里母亲对他的支持，被贬永州一路上的凄风苦雨，旅途劳顿，舟车颠簸，到了永州后又家居寺庙，水土不服，生活不适，医药、饮食不周……而母亲却永远理解他的事业，对任何困境都能豁达大度地应对。拥有这样的母亲，是他此生最大的幸运；没能照顾好母亲，是他此生无法消解的愧疚。越是安慰，越是自责，他反倒希望母亲怪罪他。无论如何，柳宗元都无法欺骗自己，母亲客死异乡正是自己政治失利连累的结果。如果参与“永贞革新”是对国家的“忠”，那么遭贬流窜是否违反了对母亲的“孝”？第一次，他体会到忠孝不能两全的痛苦。他也知道，这种如鲠在喉的痛苦将伴随着他，如影随形。想到这，他写下一篇纪念母亲的文章《先太夫人河东县太君归祔志》：

有子不令而陷于大僇，徙播疠土，医巫药膳之不具，以速天祸，非天降之酷，将不幸而有恶子以及是也。又今无适主以葬，天地有穷，此冤无穷……窜穷徼，人多疾殃，炎暑熇蒸，其下卑湿，非所以养也。诊视无所问，药石无所求，祷祠无所实，苍黄叫呼，遂遘大罚。天乎神乎，其忍是乎！而独生者谁也？为祸为逆，又颁很而不得死，逾月逾时，以至于今。灵车远去而身独止，玄堂暂开而目不见。孤囚穷絷，魄逝心坏。苍天苍天，有如是耶？有如是耶？而犹言犹食者，何如人耶？已矣已矣！穷天下之声，无以舒其哀矣；尽天下之辞，无以传其酷矣。刻之坚石，措之幽阴，终天而止矣。

灵车远去，身不能相随，而眼前的冤屈也无法申诉，字字血、声声泪，万分悲痛难以掩藏柳宗元发自灵魂深处的无穷自责。

亲朋离世一恸哭

柳宗元谪居永州期间，朋友吕温和凌准相继离世，小女儿和娘也不幸夭折。亲朋离世的打击像西窗外潇水的波涛接踵而来。

母亲卢氏去世后，柳宗元一直深陷悲伤和自责之中。他内心的波澜尚未平息，就接到一个让人震惊的消息：元和三年(808)，当年与柳宗元一起参加“永贞革新”的“八司马”之一凌准死于贬所连州桂阳的一座佛寺中。带来这个消息的是凌准的两个儿子凌夷仲和凌求仲。

面对父亲的好朋友柳宗元，凌家两个孩子止不住泪流。凌夷仲哽咽道：“父亲以前曾经学习过《黄帝内经》，懂一些医术。今年六月时，他自己切脉，说肝和肾的脉象都很不好，可能活不过冬天。我们当时不敢相信，谁知道这竟成真的了……”

柳宗元听了难过得说不出话来。凌夷仲又说：“父亲曾对连州刺史崔大人说他一生笃信孔孟忠孝礼信之道，却因参与‘永贞革新’一事，让他的恪守忠信的行为受到质疑。他既无法做一个忠臣，上愧对国家，也无法做一个孝子，下愧对父母。被贬到连州这个荒凉的地方，就是老天对他的惩罚。”

凌准的这番想法与柳宗元不谋而合，这究竟是天将降大任，还是天在惩罚他们，柳宗元只有为凌准扼腕叹息。他问凌准的灵柩有没有返乡，两个孩子说："父亲说他的罪太深重，恐怕朝廷不准回富阳老家安葬。连州的南郊有片空地，他生前已指定葬在那了。"

柳宗元叹息道："等到什么时候朝廷大赦天下时，再扶柩北归吧！凌大人的墓志铭我一定好好写，写完再寄给你们。"凌夷仲和凌求仲连忙向柳宗元拜谢。

凌准曾任翰林学士，在"永贞革新"过程中，凌准负责起草机密诏令，是除宦官之外唯一能自由出入皇宫内廷的官员，与皇帝的关系比其他朝臣更加亲近。也许正是因为感觉改革事业的成功指日可待，才更不能接受它就这样中途夭折。凌准被贬到连州后，留在富阳故乡的老母亲忧愤而亡，作为一个贬官，凌准没有资格回乡为母亲守灵安葬，在遭受这些苦难时，他的两个弟弟也相继去世。这些打击让凌准伤悲过度，不进饮食，终日哭泣，结果自己也性命不保，实在令人惋惜。

送走凌夷仲和凌求仲后，柳宗元陷入了深深的思考。他为凌准的不幸遭遇掬泪不已，而他又何尝不是感同身受。他提笔写下纪念凌准的文章《故连州员外司马凌君权厝志》和诗《哭连州凌员外司马》，与其说他在伤悼凌准，不如说他重新肯定了自己从事过的改革事业。

废逐人所弃，遂为鬼神欺。

……

念昔始相遇，腑肠为君知。
进身齐选择，失路同瑕疵。
本期济仁义，今为众所嗤。
灭名竟不试，世义安可支。
恬死百忧尽，苟生万虑滋。
顾余九逝魂，与子各何之。
我歌诚自恸，非徒为君悲。

当年的改革者们无法权衡进退，改革失败后，他们所做的一切都成了罪行。本来想要济济苍生，行仁义之道，谁知道反被众人嗤笑。自己不担心名誉的损毁，只在乎道义的存亡。而到死也无用武之地，维持着正义还有什么指望呢？死者长已矣，存者却不得不忧思千万。长歌当哭全然出于心灵深处的哀恸，并非仅仅是为凌准而悲伤，他自悲，也为天下苍生而悲。

元和四年，皇室立太子，大赦天下，凌准的灵柩被允许返葬故里，凌夷仲和凌求仲扶柩北归时，柳宗元又为凌准写了一篇《故连州员外司马凌君墓后志》，志后有铭：

噫凌君，生不淑，学孔氏，扬芬郁。好谋谟，富天禄，仇禁书，赞推毂。观灵龟，获贞卜。徙东越，翊明牧。罢人苏，污吏覆。升侍从，躬启沃。匡危疑，兴大福。吏尚书，徒隶肃。佐经邦，财用足。道之蹶，身则辱。乌江垂，九疑麓。仍祸凶，遘兹酷。能知命，无怨毒。罪不泯，死犹碳。何以葬，南岭曲。魂有灵，故乡复。封兹壤，归骨肉。为之铭，志陵谷。

柳宗元在颂扬凌准道德与事业的同时，无疑再一次执著地宣扬了他们所从事事业的正当与合理。他亦无悔，只是打击一次次接踵而来。

元和五年四月三日，刚满十岁的小女儿和娘不幸早夭。和娘是柳宗元在长安时与侍妾生的女儿，这位侍妾并没有跟随柳宗元来永州。和娘小小年纪，跟着父亲万里投荒，饱受苦难。柳宗元在《下殇女子墓砖记》中流露出深切的哀婉："孰致也而生，孰召也而死。焉从而来，焉往而止。魂气无不之也，骨肉归复于此。"女儿温柔聪明，满以为可以长大成人，竟然早早地夭折了。他向天询问："是谁让你来我家投生？是谁召唤你走向死亡？你从哪里来？你到哪里去？"然而和娘的灵魂和气息都没有了，空留骨肉埋葬在此。他不得不想，难道这也是老天对他的惩罚吗？

女儿夭折的痛苦尚未挥之而去，老朋友吕温病逝的消息就从衡州传来。元和六年八月，表兄兼挚友吕温不幸病死于衡州，年仅四十岁。对这位被自己称为"交侣平生意最亲"的朋友的离去，柳宗元几乎不能自持。他忘不了与吕温早年长安同在御史台共事的日子，也忘不了一起参加王叔文永贞革新集团的点滴。贞元二十年(804)，吕温随秘书监张荐出使吐蕃，于元和元年(806)才回到长安，因此幸免于永贞革新失败的牵连。然而，耿直的吕温由于得罪了宰相李吉甫，被贬至道州任刺史，政绩出色，迁任衡州。道州、衡州两地与永州紧密相连，在交通很不发达的唐代，比起远在其他州的亲友们来说，他俩人之间的地理距离和心理距离要近得多。吕温对柳宗元的影响，不仅是文学思想上的，更有人格精神上的，吕温的大志与大才并不为时所用，因此，柳宗元在悲痛中写下这篇《祭吕衡州温文》：

> ……
>
> 呜呼化光！今复何为乎？止乎行乎？昧乎明乎。岂荡为太空与化无穷乎？将结为光耀以助临照乎？岂为雨为露以泽下土乎？将为雷为霆以泄怨怒乎？岂为凤为麟、为景星为卿云以寓其神乎？将为金为锡、为圭为璧以栖其魄乎？岂复为贤人以续其志乎？将奋为神明以遂其义乎？不然，是昭昭者其得已乎，其不得已乎？抑有知乎，其无知乎？彼且有知，其可使吾知之乎？幽明茫然，一恸肠绝。呜呼化光！庶或听之！

写完最后一字，他扣笔恸哭，向着西窗外望去，江水一望无涯，而此刻的吕温会在哪呢？江水不语，唯有日夜奔流。

“化光，也许你的功名微薄，但你的文字一定会万古流芳！”柳宗元坚定地说，“只令文字传青简，不使功名上景钟！”

不甘沉沦的笼鹰

亲友离世后，柳宗元健康状况日益恶化。他自觉像一只被囚的笼鹰，更像被宰杀的鹧鸪，身处险境，惊慌失措，而他并不甘心沉沦。

他自觉是一只苍鹰，本该搏击长空、飞越严霜、迎接曙光，在浓云重雾中飞过霓虹，在风驰电掣中快闪平岗；更该羽剪荆棘、猎扑狐兔、傲视百鸟，稍息停顿时爪毛吻血，独立四顾时时显激昂。本该以这样的姿态活着，可现在的自己呢？

自亲友相继去世后，柳宗元的健康状况日益恶化。三十三岁，正是风华正茂之时，柳宗元却形销骨毁，青年老态，整个人大变样。

永州瘴气极重，柳宗元本习惯了中原水土，到永州后患过“或时寒热，水火互至”的疟疾，后又肝脾肿大，引起消化不良，食欲缺乏，人一天天的消瘦。近一二年来，腹腔里的肿块尤其厉害，再加上双脚因得了南方易发的风湿病而痉挛，动作行为都很不正常。视力也开始模糊不清，像有雾霾阻挡在眼前，虽然有心致力于撰写文章，但因病不能坚持。每次听到别人大声说话，就感觉惊骇颤抖，只好抚摸胸腹，很久才能停止下来。这种情况下，所读的书简直随看随忘。

更糟糕的是五年之内，龙兴寺四次被火灾延及，柳宗元打着赤脚仓皇出逃，靠在墙壁上挖洞保命，才避免被大火烧焦。许多书籍在大火中渐次散乱、撕裂、烧毁，不知丢到哪去了。对于火，他心有余悸，茫洋失措，甚至梦中惊醒，他无法集中精力在笔墨上，时时而来的危险让他丧魂失魄，吃尽了苦头。

炎风溽暑就这样突然来临，他这只苍鹰身陷囚笼，羽翼脱落，兀自摧残。眼见得草中狸鼠为患，却无能为力，一夕十顾惊恐不已。这就是现在的他。

所以，也曾心灰意冷。他写信给京城中的旧交萧俛："谁知道还要在永州呆到什么时候，岂能不知进退，再为世人所笑！"退出政治舞台的，甘心娶老农女为妻，买一处土地耕种谋生，他时而萌生这种退居江湖之远的想法。

也曾稽首向佛，甘愿接受信仰的拯救。他也考量西方过十万亿佛土之处的极乐世界以及那尊主宰极乐世界的无量寿佛，一度想归心净土，跳出三界外。在佛寺居住那段时间，他见到禅师晨起诵经，着海青、持经书、出东斋，于是，在寂静的庭院中，在通向竹林的碧苔小路上，他都获得了心灵的暂时安息。

在这种生活状态中，他也第一次将"沉沦"两个字置于思考的重心上。一个曾以生民为己任的士人，在被贬后身心遭受摧残、苦不堪言的情境下萌生隐退之心，投向佛老的怀抱，是否是一种沉沦的表现？

直到他看到一群被宰杀的鹧鸪，才想清楚这个问题。楚越之地有一种鸟叫鹧鸪，常常成为猎人捕杀的对象。捕到之后，用笼子囚禁起来，大火烹饪后加作料调五味，作为美食呈现在众人面前。这显然比苍鹰更加可悲。而鹧鸪的处境不正是他真实的写照吗？他何以这样自甘堕落与沉沦？即便在这蛮荒之地，身为囚徒，他也依然要打起精神，一番振作，不知颠仆，勇往直前，在困境中顽强地寻求立身行道的出路。他不能作笼中的苍鹰，更不能做等待宰杀的鹧鸪，他可以尝试着不依靠佛老走那条退隐的道路，他不做懦夫，他就是要在品尝这彻骨的痛之后依然积极进取，做着他自己，不留退路。这才是他熟悉的柳宗元。

在《笼鹰词》一诗的末尾，他这样写："但愿清商复为假，拔去万累云间翔。"同样，《放鹧鸪词》以同样的基调完结："冲破牢笼展翅去，同类诱叫不回头。"

有朝一日破笼高飞、义无反顾地飞向那万里云天。那才是它的归宿。经过一番内心的挣扎，他拾起笔，以笔写心，不能立功则立言，继续关注着生民与大千世界，也迫切地期待着能够重返京城，再展宏图。

愿卜湘西冉溪地

从元和五年到元和十一年，柳宗元一直居住在冉溪附近，过着平静的田园生活。

元和五年（810），长期居住法华寺的柳宗元搬迁到冉溪附近。冉溪，也叫染溪，是流入潇水的一条小溪。柳宗元在离冉溪入潇水汇合口二三里路的地方买了一块地，构亭筑室，建立一栋新居。这样，背依苍翠葱郁的山峦，前有冉溪潺潺流水。他每天与村野田夫、渔翁相处，生活比以前更丰富了，过起了无异平民百姓的生活。他也亲自参加一些农活，把锄荷锸、早起翻露草、疏浚沟池、种植花草树木、布置园林小景、到野外采药治病，傍晚躺在溪水边石头上听水声，这样自肆于山水间，心情也比以前舒缓平和多了。定居冉溪，标志着柳宗元的被贬生涯翻开了新的一页。

早春季节，布谷声声，农民开始播种，柳宗元一个人在田野边散步，看到邻居正在耕种，两人坐在田埂上亲切交谈。

农户道："柳大人在这住得惯吗？"

柳宗元道："我在长安西郊也有个园子，离家几年了，园子恐怕都荒芜了。”

农户道:“大人可以在这开垦一片园子啊。”

柳宗元道:“自己想当隐士,心里却忘不了功名,想去获取功名,到如今却一事无成,真是左右为难啊!”

农户虽然很难理解柳宗元的心事,但他知道柳宗元此刻很纠结,就说:“柳大人不要想那么多了,这辈子身体好,吃喝不愁不就最难得了吗?”

农户的话虽朴实,却把人生的复杂大道理化而为简,反倒让柳宗元释怀了。“是啊,人生在世不过百年,当开心度日,境随心转,才不负这春光。”他把玩着农户带来的锄头、铲子,不自主地开心起来。

从田地出来,柳宗元踱步到冉溪旁,溪水清澈见底,风吹水动,激荡在岸边的石块上,锵锵作响。树荫正浓,芳华初开,他躺在一块岩石上,与溪水两两相望。

溪水映照出将近不惑之年的自己,几年来如转蓬飘零,被折磨得瘦弱不堪,鬓已星星。望着水中的自己,他几乎不认识了。他笑着问溪水:“像我这样一个处在庸俗的社会之中人,不满现实,不能投机逢迎,才遭到贬黜是吗?我是不是很愚蠢呢?”

溪水无言,晃动的水面将他的倒影冲散又合拢。柳宗元对着溪水说:“你待在这个蛮荒之地,就算再幽深、再美丽,世人也不知道你,你对世人又有什么有用之处呢?”他笑看溪水:“原来你也很愚蠢。”

他想,假如这是条善鉴万物的溪流,一定能照彻他的灵魂,只有愚水才会映照出愚人吧。“不如这样”，他对溪水点头，“你就叫‘愚溪’，谁让你像我一样愚呢。”

柳宗元仿佛找到了知己，回去后，以文墨自娱，写下《愚溪诗序》，铭刻在石碑之上：

溪虽莫利于世，而善鉴万类，清莹秀澈，锵鸣金石，能使愚者喜笑眷慕，乐而不能去也。予虽不合于俗，亦颇以文墨自慰，漱涤万物，牢笼百态，而无所避之。以愚辞歌愚溪，则茫然而不违，昏然而同归，超鸿蒙，混希夷，寂寥而莫我知也。

自己作为溪水的主人，柳宗元用愚来形容自己以及眼前这条溪流，是带着火气的。他只不过借此表达自己坚持正直操守却在这黑白颠倒的社会中反遭埋没的激愤。有了愚溪之后，柳宗元又把自己的新居改名愚堂，愚堂附近的泉池亭台，柳宗元一概以“愚”称之，这样就有了愚丘、愚泉、愚沟、愚池、愚亭、愚岛，加上愚溪，共有八景，号为八愚，柳宗元以《八愚诗》记之。

与北方比，南方的夏天十分闷热、潮湿，因此一到夏天，柳宗元显得极不适应。没过多久，他发现自己患上了脚气病，双脚肿胀，特别难受。好心的邻居知道后，帮柳宗元在愚堂外种上一大片竹林，环绕着愚堂，好不阴凉。竹子越长越高，很快就成林了，生风遮日，暑气渐消，柳宗元的脚气病也日渐好转。

这天，柳宗元正在庭院中乘凉，小女儿跑过来撒娇，一会又蹲在地上玩泥巴。她一会搓出一个小泥人给柳宗元看，柳宗元刮了刮她的鼻子，称赞一番。女儿又用树枝在地上划来划去，让柳宗元看。柳宗元见女儿写了几个大字，歪歪扭扭，透露着童真。柳宗元揽着小女儿入怀，夸奖道："写得真好！"小女儿哈哈笑起来，在父亲的鼓励下，又开始写了起来。风过竹林，鸟在庭院中鸣叫着，柳宗元回望堂屋，侍妾雷五之姨正倚在门前，笑着看着他们。柳宗元心里一阵欢快，这样的生活情趣，自从大女儿和娘去世后就再也没有过了。

前几日，好友刘禹锡寄来两首论书法的诗，有一首写自己的孩子在家拿着毛笔乱涂字，刘禹锡调侃地问柳宗元："闻彼梦熊犹未兆，女中谁是卫夫人？"卫夫人是东晋著名书法家王羲之的老师，刘禹锡的意思是说柳宗元尚未生儿子，那么家中的女儿是不是也涂字抹画了呢？柳宗元回了一首诗给刘禹锡：

小学新翻墨沼波，羡君琼树散枝柯。
左家弄土唯娇女，空觉庭前鸟迹多。

西晋文学家左思也没有子嗣，只有一个女儿。左思曾写过一首《娇女诗》，夸奖赞美自己的女儿，这首诗多为后人效仿。柳宗元以左思《骄女诗》为典故描写自己的小女儿的淘气行为。这样浓郁的家庭生活情趣，淡化了柳宗元贬谪之后的苦闷，就这样，他在冉溪度过了几年平静的田园生活。

独钓孤舟雪满江

柳宗元在朝阳岩一带结识了渔翁，在与渔翁对话后，他放弃了对前尘往事的耿耿于怀。千山万径，寒雪满江，无声无迹，唯有一人身披蓑衣，独钓孤舟。

柳宗元被贬永州的第二年，一场奇异的大雪覆盖了南越很多州郡，永州更是千山皑皑，万径苍苍，亚热带地区很难有这等风光，柳宗元一时想起长安的冬天，在长安城中远望终南山、积雪浮云端的情景。不同的是，长安的雪天，朋友们聚在一起赋诗饮酒，而永州的雪天，只听见狗叫声，也许是被大雪惊扰，从下雪到雪融，从未停止过，一派仓皇。

这声音吵得柳宗元心烦，他想起永州城外西南处的朝阳岩一带，在这大雪之中会不会更为壮观。想到这，他披着蓑衣，带好斗笠，独自踏雪出城，向朝阳岩走去。

朝阳岩，又名西岩，是临潇水西岸的一处峭壁。朝阳岩分上下二洞，下临绝谷，中间可以栖息游玩，看着白云远近浮动到眼前。崖北有石磴，直下缘江，亟从之登。西临危崖，东近潇水，尽头有一个洞口，高与宽都两丈，也是东面临江，溪流从洞中喷出，幽邃深旷，清泉潺潺，怪石嶙峋，雅致清丽，是永州的一处绝胜。

早在柳宗元之前，唐代士人元结就曾游览过朝阳岩，并留下过歌咏之作：

朝阳岩下湘水深，朝阳洞口寒泉清。
零陵城郭夹湘岸，岩洞幽奇带郡城。
荒芜自古人不见，零陵徒有先贤传。
水石为娱安可羡，长歌一曲留相劝。

原来早在766年，时任道州刺史的元结从舂陵出发来到零陵，感叹朝阳岩的奇丽，又因为它向东，每当旭日东升，烟光石气，激射成彩，遂命之为“朝阳岩”。

柳宗元边走边想元结的诗，元结说朝阳岩自古荒无人烟，实际是不对的，早有人发现了朝阳岩的魅力，常常来到这一带，甚至就泊居在此。他就认识这样一个人。确切地说，是一位隐士。

那日，他来到朝阳岩时，太阳已经出来，岩上的烟雾逐渐散去，江水澄清，一片宁静，忽然间，一声响亮的吆喝从山水间传出，随即又唱起：“世人皆浊，何不淈其泥，扬其波？众人皆醉，何不哺其糟，啜其酾？”

柳宗元很惊讶，以为自己听错了，这不是《楚辞》《渔父》中那个渔父的话吗？在这荒山野岭，怎么会有人知道《楚辞》呢？他正疑惑间，唱歌的人摇着橹出现了。定睛一看，是一个披着蓑衣的渔翁。

柳宗元赶忙走上前去询问：“不知高人尊姓大名？”

渔翁系好小船，向柳宗元回礼：“我乃朝阳岩打鱼人，经常居住在这里，晚上靠着西山歇宿，早上汲取清澈的湘水，以楚竹为柴做饭。卑微不足挂齿，柳员外叫我渔父就是了。”

柳宗元见渔翁身材魁梧，相貌堂堂，并不像风餐露宿的打鱼人，就问：“方才先生唱的是——”

渔翁笑了笑：“当年屈原被放逐，在江畔游荡，偶遇一位渔父，渔父说什么来着？”

“沧浪之水清兮，可以濯吾缨；沧浪之水浊兮，可以濯吾足。”柳宗元说道。

“是啊，水清水浊，本来无二，都是一体，升与沉、进与退何尝有异？那么员外又何必烦恼呢？屈大夫最终投汨罗江而死，可见仍没有体会到这其中的道理。望员外安于永州，勤政为民，不要一味沉溺于宦海升沉的窠臼之中。”

柳宗元知道渔翁绝非平常人，就把自贬永州以来的苦闷一下子道来。“先生不知，这几年我遭受的打击太多了，先是与我一同改革的好友凌准逝世，我举家来永州后，永州接连几场天灾，地震、大旱、暴雨，变化无常，老母亲不堪恶劣的气候环境，久病数月，积劳成疾，半年前已经去世了。我怎能不悲伤？”

渔翁劝道：“只要员外坚信自己改革是为了天下苍生，一切就不必后悔，更不必烦恼，自古忠孝不能两全，员外既忠于朝廷……”

柳宗元苦笑道：“问题就在这，我们的改革方案再好，也不会得以实施了。因为我们忠于的是已故的顺宗皇帝，胜者王侯败者寇，当今皇帝登基后，我的那个‘忠’字就变成‘佞’了。现如今，我倒成了叛臣逆子。青史上，名声怕是不会好了。”

渔翁道："员外此话差矣，凡事须生时担当，则没有遗憾，又何计后人评说。"

柳宗元听到这里，如醍醐灌顶一般，心中的郁结一点点解开。是啊，担当生前事，何计身后评？仕宦的升沉自己无法把握，现如今身在永州司马任上，虽无实权，也可以为百姓做事谋利。他十分感谢眼前这个渔翁，他和当年的屈原一样，在江边都遇到渔翁，都有过一番交谈，屈原悟道后投江自杀，眼前这个渔翁却将他心中的愤懑一扫而光，让他振作起来。

渔翁见柳宗元已经释怀，大笑几声，转身跳到小船上，拉开缆绳，撑蒿而去，渐行渐远，等到柳宗元回过神来，只见小船仿佛漂浮在天边，而朝阳岩上的白云去留无意，悠然飘荡。

那日见到渔翁后，柳宗元曾作一首诗：

渔翁夜傍西岩宿，晓汲清湘燃楚竹。
烟销日出不见人，欸乃一声山水绿。
回看天际下中流，岩上无心云相逐。

自与渔翁相遇后，柳宗元再没有在朝阳岩一带见到过他。今天这等大雪，潇水一定冰封，不知渔翁栖息在哪里？

柳宗元到达朝阳岩时，已经是午时。雪后初晴，潇水西岸悬崖绝壁上的朝阳岩俯瞰着一江寒雪，像一位高士卓然独立。千山相连，白雪相拥，回望来时路，更是苍茫一片，此时天与地仿佛相接，混混沌沌。在这混沌中，他以为自己回到了冬天的长安，直到阳光直射在朝阳岩洞口，刺到他双眼，才回过头来。可惜了，这不是自己的故乡……

他这样想着，在寒风中手脚并用，登上岩顶的西亭，檐牙高啄，气势不凡。就在他独立岩顶的那一刻，忽然被眼前的情景震惊了：千山万径，悄无声息，天地之间唯有雪，寂静。在这天地之间，只有一位渔翁，身披蓑衣，头戴斗笠，独坐在小船中，泊在寒江之上，丝纶轻垂，一动不动。

时间静止了，空间定格了，在这时空相交之刻，他将一切浑然忘却，渔翁是他，或者他就是渔翁。悠然一笑，他吟出这首千古名篇《江雪》：

千山鸟飞绝，万径人踪灭。
孤舟蓑笠翁，独钓寒江雪。

遍游永州摹八景

谪居永州期间，柳宗元与好友们登山临水，访寻名胜，言谈高论、醉舞欢歌于山水之间，淡泊的心境过滤了尘世的喧嚣，洗练的笔触记下永州最美的八处景致，遂成《永州八记》。

元和四年的秋天，柳宗元在法华寺西亭中远望西山，一片充满生机的葱郁在视野中蔓延，他顿起游兴，叫上几个好友，李幼清、元克己、吴武陵、龚古、堂弟宗玄等人，一路向西山走去。

到了西山脚下，大家攀援而上，很快就到了山顶，只见数州都在脚下，山青云绕，茫茫一片。山下更有小山相连，向低处延伸而去。柳宗元看着这些小山丘，心有感触，对着大家说："你们说，有骨气的君子，好比屹立的高山，岂能与低首下心的小土丘为伍？"

吴武陵最了解柳宗元的心事，知道他被贬永州，好比高山落在一片小山群中，不堪寂寞，就安慰道："子厚兄不必把过往之事放在心上，咱们先好好欣赏风光就是！"说着找到一块平坦的大石头，大家铺上酒菜，欢快畅饮。

酒到多时，柳宗元敬大家一杯，说道："自我来永州，多蒙各位朋友照顾陪伴，今天登上这西山，胸中的不快更是一扫而光，这杯酒我敬大家，愿我们畅游无阻，畅饮无归！”

大家齐声应和，一饮而尽。他们开怀至极，忘了时间，直到暮色将至，酒才微微醒来，却不愿归去。暮色苍茫中，柳宗元站在山巅俯瞰永州，一片无涯的辽远，他几乎忘了凝固在心底的不快，在这片刻的水色山光中仿佛与万物融为一体，成败得失那样无足轻重。西山，赋予了他一种释放苦闷的可能。

自此后，柳宗元一干人就环绕着西山，开始发掘永州最美的景致。他们最先发现的是西山西面的钴鉧潭。

钴鉧，很奇怪的名字，只因为潭的形状是圆的，像一个钴，由此得名。柳宗元等人站在山下俯瞰，看到冉水自南向北奔流如注，碰到山石阻隔，又曲折向东流去。而冉水的上游和下游水势峻急，撞击更加激荡，正好侵蚀着钴鉧潭的潭岸边，这样潭边广阔而中间水深，水流冲荡到山石才停止，留下一个个如车轮般的漩涡。虽不是惊涛拍岸，却自有一番激情。大家沿着潭岸边树木留下的阴凉中行走，远远地就听到自上而下的水流声。

吴武陵兴奋道：“应该是瀑布！”大家急走几步，前方的山下真的有一道瀑布垂悬而下，正落在钴鉧潭中，激起层层波澜。

“看，山上有人家！”李幼清指着瀑布上方喊道。

大家随着他指的方向看过，果然有几户人家在瀑布一侧的山上。

“走，到上面看看！”柳宗元兴致盎然，他想看看在这里居住的都是什么样的人。

“也许都是隐士呢，哈哈！”元克己很兴奋。

答案远超出大家的想象。迎接他们的是原来县城中的农民，因无法负担越欠越多的官租私债才逃到钴鉧潭一带居住。大家都沉默了，他们没想到“苛政猛于虎”竟这样符合这个时代的民情。西山之游的雅兴大打折扣。

柳宗元第一个打破沉默，他问农户：“怎样才能帮到你？”他自知目前的身份想要在政策上帮到农户是不可能的，他没有那份权力。

农户说：“我想在山上锄草开荒，假如能卖掉我潭上的田，我还能暂时缓解一下债务。”

柳宗元道：“我愿意买你潭上的田，不知意下如何？”

农户有些意外，他实在想不到还有人愿意在这穷乡僻壤买这一块田地。他对柳宗元千恩万谢。

对柳宗元而言，这是一处再好不过的景致，好到可以让他暂时忘却思乡的烦恼。他对大家说：“我买了这块地，在旁边加高台面，把栏杆再伸长些，这样瀑布就可以完全坠落在钴鉧潭中了，等到中秋佳节，大家都来这儿赏月，到时天高月小，水流淙淙，我们把酒欢歌，那该是何等景致啊！”

听到柳宗元这样说，大家才明白过来他买地的原因，都拍手称赞，憧憬着中秋的到来。

过了几天，柳宗元又在钴鉧潭二十五步远的地方发现一道坝，坝顶有一座小山丘，上面长着竹子和树木。小丘上的石头拔地而起曲折起伏，破土而出，争奇斗怪的，几乎多得数不清。那些嶒崚重叠相负而下的，好像牛马俯身在小溪里喝水；那些高耸突出，如兽角斜列往上冲的，好像熊罴在登山。柳宗元大爱这些奇异的石头，加上这小丘小得不足一亩，他很想买下来。他打听到小丘的主人，问了价钱，主人说："这是公家不要的地方，想出售都没人买。如果想买，四百文就足够了。"

元克己说："四百文钱居然就能买下来，简直出乎意料啊！"

柳宗元非常开心，一时兴起，拿着主人家的镰刀去铲杂草。李幼清和元克己也拿起锄头跟着柳宗元一起干活。傍晚时分，大家点起一把大火把铲掉的杂草、砍掉的杂树烧掉。几天后，小丘上竹子渐渐显露出来，一片奇石更显弥足珍贵。站在小丘上眺望，只见四面的高山，天上的浮云，潺潺的溪流，飞禽走兽的遨游，如同一场自然地表演。枕石席地而卧，清澈明净的溪水涤荡双眼的尘埃，听风吹竹动，清清泠泠，悠然神往，万籁俱静。

柳宗元算来，不满十天就得到钴鉧潭上田地和小丘两处景致，即使古代爱好山水的人士也未必到过这地方。

元克己也说："以小丘这等景致，要是在京城，就算每天以千金的价钱递增，也会十分抢手，而在这永州之野，四百文钱还卖不出去，差别何等之大啊！"

柳宗元道："是啊，如今它被抛弃在这荒僻的永州，连农民、渔夫都瞧不上眼。而今我们独独得到了它，也许是缘分吧。我打算写篇文章刻写在石碑上，立在这里，来祝贺与这小丘的遇合。"

在所有景致中，给柳宗元印象最深的是小丘西面的小石潭。

从小丘往西走一百二十步左右，隔着竹林，就能听到水声，仿佛环佩叮当作响。大家一路伐竹取道，开辟出一条道路，下方就是小石潭了，水十分清冽。潭底都是石子，这些石子越接近岸边堆积越高，石底向上弯曲，高出水面的石子成为水中的高地、小岛、大石。青葱的树木，翠绿的藤蔓，遮掩、缠绕、摇动、下垂，参差不齐，随风飘动。潭中的鱼大约有一百来条，都好像在空中游动，什么依靠也没有。阳光直照到水底，鱼的影子映在水底的石上。鱼儿呆呆地一动不动，忽然向远处游去，来来往往得轻快敏捷，好像和游人相互取乐。

大家又向小石潭的西南方望去，看到溪水像北斗星那样曲折，像蛇那样蜿蜒前行，渐远渐隐约。溪岸的形状参差不齐，不知道它的源泉在哪里。坐在小石潭岸边，四面被竹子和树木围绕着，寂静寥落，空无一人。

柳宗元突然感到寒气入骨，空气里弥漫着忧伤的气息，便说："这里的环境太凄清，不宜久留，我们早点走吧。"

元和七年冬天，柳宗元想念三年前与大家出游的那段时光，打算再次出游。三年前的路线是从冉溪向西南走陆路，这次改为从朝阳岩向东南，走水路到芜江。

这一天，行船游到一条河水处，被眼前的景色打动了。河的上游与南馆的高山会合，下游与"百家濑"汇合。江河里边的岛屿、小溪、有的地方水深，成为清澈的潭，有的地方水浅，露出小块的地，成为浅渚，两者还夹杂着水在那里曲折地流。船好像就走到了尽头，忽然又豁然开朗，变得宽阔无边。

柳宗元站在船头，指着前方水中露出的小山，兴奋地说："快看那山上的石头！"

前方果然有座小山从水中露出来。山上的石头十分秀美，上面还生长绿草，浓密茂盛。山旁有许多岩洞，山下是一摊白色的碎石。大家将船靠近小山，弃船登山。只见山上的树种十分繁杂，多是枫树、柟树、石楠、楩树、槠树、樟树和柚树。草则多是兰草、芷草，又有许多奇异的花卉，类似合欢但是长出许多茎蔓，缠绕着水中石头，蜿蜒卷曲。

这时，风从四周山上吹下，树浪翻腾，草舞花飞。闻着这浓郁的香气，看着波涛旋着水涡，从溪谷流进流出，大家都惊呆了。

吴武陵说："不知这个地方叫什么名？"

元克已说："看看这里，草木无痕，并不像有人来过，也许是一处被遗忘了的景致。不过听说这里土地的主人姓袁。"

柳宗元心中一动，说："按照楚、越两地之间的方言，水的支流叫做'渴'，不如我们就叫这条河为'袁家渴'吧。"

大家笑道："再贴切不过。只是看来永州没有人到过这游玩，今天我们来到了这里，有点不敢独自享受的感觉。不如柳兄回去以后写文章告诉世人吧。"

柳宗元点头称是。

从袁家渴潭往西南走不到百步，就看见一个石渠，当地百姓在石渠上建了一座便桥。有一眼泉水幽静地流淌，它流淌时的声音时大时小。泉渠的宽度有时一尺，有时就有二尺宽，它的长度约有十步左右。它的水流遇到一块大的石头，就漫过石头。

跳过大石头再往前走，就发现一个石潭，菖蒲覆盖着它，碧绿的苔藓环绕着石泓。渠水又转弯往西流，在岩石边流入石隙里，最后像瀑布一样流入北边的小潭中。小潭方圆还不足一百尺，潭水清澈、且较深，有许多快速游动的鱼。渠水又往北迂回绕行一些，斜着看好像没有尽头，就这样最终流入渴潭。潭的一边全是奇异的石头、怪异的树木、奇异的花草、美丽的小竹，人可以并列坐在那里休息。风吹动着山顶，像美丽动听的音乐，在山崖和山谷间回荡。看它已经很宁静，它们被风吹动所发出的声音才在远处传播。

这次跟柳宗元一起游玩的是柳州太守。两人拨开阴郁的密林和腐烂的朽木，开掘和疏通淤土和乱石，把朽木乱草堆积起来烧掉，石渠里的渠水便很满。

同样，在游览之后，柳宗元把石渠的景致记写下来，留给匠人，刻写在潭北面的石头上，以便以后喜好游历的人能较容易地看到它。

发现石渠之后，从石渠的桥上向西北走，一去到土山的北坡，百姓又架了一座桥。比石渠的水量大三倍。巨大的石头作为水的底部，宽达到两岸。石头有的像床，有的像门堂的基石、像筵席上摆满菜肴，有的像用门槛隔开的内外屋，水流像纺织物的花纹，泉水叮咚响像是弹琴声，拎着衣服赤脚而往，折竹箭，扫陈叶，排腐木，清出一块可排十八九张交椅的空地。交织的流水，激撞的水声，皆在椅下；像翠鸟羽毛般的树木，像鱼龙鳞甲般的石块，都遮蔽在交椅之上。

柳宗元想："古来之人有谁曾到过这里？后来之人，又有谁能追随我的足迹到这里?”在这前不见古人,后不见来者的地方,他唯有兴叹,美好的景物被遗弃在草莽之中,只有永远沦落的份儿,必须有人赏识,才能展示自己的芳华。

朋友中有人说:“造物者之所以这样安排,是用这佳胜景色来安慰那些被贬逐在此地的贤人的。”柳宗元自知这是安慰他的话。也有人说:“这地方山川钟灵之气不孕育伟人,而唯独凝聚成这奇山胜景,所以楚地的南部少出人才而多产奇峰怪石。”

这些说法柳宗元觉得都不是最好的答案。他怀疑造物者的有无已很久,永州的山水让他一度相信造物主的存在,却又奇怪造物主不把这些景致安放到人烟辐辏的中原地区去,而把它摆在这荒僻遥远的蛮夷之地,即使经过千百年也没有一次可以显示自己奇异景色的机会,这简直是白耗力气而毫无用处。神灵的造物者似乎不会这样做的。那么,造物者应该不存在吧?

他这样问着自己,寻找着答案,同时享受着灵山秀水赋予他的慰藉。在这山水之间,他忘却了一切烦恼,与朋友结伴而行,登山临水,访寻名胜,饮清流,烹野菜,言谈高妙,饮尽千觞。逍遥的生活驱除了心中的晦气,淡泊的心境隔断了尘世的喧嚣,荒僻的谪居地成了他躲风避浪的宁静港湾。几年内,他连续写下了脍炙人口的《永州八记》来记录这些灵山秀水,这包括《始得西山宴游记》、《钴鉧潭记》、《钴鉧潭西小丘记》、《至小丘西小石潭记》、《袁家渴记》、《石渠记》、《石涧记》和《小石城山记》。

在永州的山水间,他释放了自我,生命在尘埃中开出优美的花。

捕蛇者蒋氏人家

在永州郊外一个荒村，柳宗元遇到以捕蛇为生的蒋氏人家。听了蒋氏诉说的遭遇后，满怀悲愤的柳宗元写下千古名篇《捕蛇者说》。

由于经常到郊野游历，柳宗元频繁地混同于民众中间，他对农村的现实了解得更深入了。永州地处南岭北麓的丘陵地带，土地贫瘠而稀少。不平的山地耕种着小块田地，百姓们的艰苦的劳动条件让柳宗元时常感叹。他曾到过南谷里一个村庄，只发现麋鹿成群，杳无人迹，后来才知道当地种田的农民交不起租税，只好把自家的土地充当官租，没有地可种，就没有粮食吃，这些农民都逃到更荒凉的深山里去生存。柳宗元万万没想到永州的偏远地区这般模样，一连几天，都在堂弟柳宗直的陪同下出行去体察民情。

这天，柳宗元和柳宗直到了一处荒郊，小村落里只有四五户人家，正好是午时时分，只有一户人家的烟囱微微冒气。柳宗元跟柳宗直说："咱们去讨些水喝。"走到院门前，只见靠着四角的院墙都码着一排瓦罐，大大小小，罐口都紧封着，有的还用石头压着。院子一边堆着很多绳索、铁叉、铁棍、铁钩等器具。

两人见到这些感觉很诧异，就扣着篱笆门，向院中问道："请问有人吗？"话音未落，一个衣衫褴褛的中年男子从远处走过来，问道："不知两位官人大驾光临，小人实在有罪，还请大人不要见怪！这附近几户人家都没有人了，大人要是急着要租税，就把我养了半年的蛇拿去交差吧。"说完，慌里慌张地跪在两人面前。

柳宗元和柳宗直感觉到很奇怪，觉得这个男子应该是认错人了，就把他扶起来。柳宗元说："您认错人了吧？我们只是镇上的人，路过这想讨碗水喝。"

男子抬头仔细看看柳宗元和柳宗直，听了这话，才放心地起身，说道："哎，不是就好，不是就好！真是吓死我了！"

柳宗元问："您能不能告诉我这是怎么一回事？谁在催租？为什么又要拿蛇交差？"

柳宗直对这名男子说："这是永州的柳司马柳大人，有什么难处只管向柳大人说来。"

男子听了大吃一惊，连向柳宗元作揖，随后请柳宗元和柳宗直进屋休息。

等柳宗元坐定，男子悲伤地向柳宗元道："柳大人，小人姓蒋，世代都靠捕蛇为生。我们家祖孙三代都是干这个行业的。"

柳宗元很奇怪，就问："这蛇有什么用呢？难道还能换钱不成？"

蒋氏道："要是把这毒蛇晒干了做药饵，可以用来治疗麻风病、手脚蜷曲、颈肿、恶疮这些病。它还有一个好处，可以除去人体内的腐肉，杀死寄生虫。这是所谓的以毒攻毒。柳大人有所不知，太医用皇帝的命令征集这种蛇，每年征收两次，招募能捕捉这种蛇的人，抵他们的赋税。永州穷困人家的老百姓迫于生活，只好冒着生命危险去捉这种蛇。”

“这种蛇必定毒性很大吧？”柳宗元问。

蒋氏道：“这种毒蛇啊，黑底子，白花纹，草木碰到它马上就枯萎，人要是被它咬到了更没法医治了！我祖父当年就是被蛇咬死的，我父亲也不幸被蛇咬死了，我干这个行业也将近十二年了，好几次差点把命丢了，能活到现在，就算万幸了！”

柳宗元听了后，十分同情，问道：“你怨恨这种捕蛇的生活吗？我可以代你请求地方官，更换你的劳役，恢复你的赋税，怎么样？”

蒋氏听了，急得直哭，道：“大人啊，您是哀怜我，想让我活下去吧？那么我这差事的不幸，还不如恢复我租赋遭受的不幸那么厉害呀！假使我不干这差事，那我早已困苦不堪了！自从我家三代住到这个地方到现在，已经六十年了，可乡邻们的生活一天天地窘迫，把他们土地上生产出来的都拿去，把他们家里的收入也尽数拿去交租税，也不够，只得号啕痛哭辗转逃亡，又饥又渴倒在地上，一路上顶着狂风暴雨，冒着严寒酷暑，吸着带毒的疫气，就这么一个接一个死去，尸体都互相压着。从前和我祖父同住在这里的，现在十户当中剩不下一户了；和我父亲住在一起的人家，现在十户当中只有不到两三户了；和我一起住了十二年的人家，现在十户当中只有不到四五户了。那些人家不是死了就是迁走了，可是我因为捕蛇这个差事才活了下来。官吏到我们乡，到处骚扰，到处叫骂，搞得鸡犬不宁。每当这时我就小心翼翼地起来看看我的瓦罐，只要我的蛇还在，就放心接着睡了。我小心翼翼喂着蛇，到规定的日子就把它献上去。回家后有滋有味地吃着田地里出产的东西，过好这一年中剩下的日子。估计一年当中冒死的情况也就那么两次，其余时间我都可以快快乐乐过日子，哪像我的乡邻们天天都在危险之中！现在，我即使死在这差事上，比起我那些乡邻已经算是死在他们后面了，唉，我哪里敢怨恨捕蛇这事呢？”

听着蒋氏的诉说，柳宗元越听越悲伤。让柳宗元没想到的是，即便这样破败的地区，官府仍然追债讨租。胥吏每每经过时，农民依然要热心接待，还要忍受他们到处骚扰叫骂，搞得鸡犬不宁。柳宗直感叹道：“想不到，这里的农民生活得这么艰难啊！”

柳宗元点头道：“孔子说‘苛政猛于虎’，我以前怀疑过这句话，现在看来果然不假。谁知道苛捐杂税的毒害比这种毒蛇还厉害！宗直，我们回去吧，晚上备笔墨，我要写一篇文章记下蒋家人的遭遇，希望那些朝廷派来考察民情的人从这里得到一点百姓的实情。”

蒋氏听柳宗元这么说，非常感动，跪下给柳宗元磕头，在永州这个地方，他第一次听到一位官员说出这样体贴民心的话。

夜晚，一灯如豆，柳宗元运笔而书，一会儿，一篇《捕蛇者说》写好了：

永州之野产异蛇，黑质而白章；触草木，尽死；以啮人，无御之者。然得而腊之以为饵，可以已大风、挛踠、瘘、疠，去死肌，杀三虫。其始，太医以王命聚之，岁赋其二，募有能捕之者，当其租入。永之人争奔走焉。

有蒋氏者，专其利三世矣。问之，则曰："吾祖死于是，吾父死于是。今吾嗣为之十二年，几死者数矣。"言之，貌若甚戚者。

余悲之，且曰："若毒之乎？余将告于莅事者，更若役，复若赋，则何如？"

蒋氏大戚，汪然出涕曰："君将哀而生之乎？则吾斯役之不幸，未若复吾赋不幸之甚也。向吾不为斯役，则久已病矣。自吾氏三世居是乡，积于今六十岁矣，而乡邻之生日蹙。殚其地之出，竭其庐之入，号呼而转徙，饥渴而顿踣，触风雨，犯寒暑，呼嘘毒疠，往往而死者相藉也。曩与吾祖居者，今其室十无一焉，与吾父居者，今其室十无二三焉，与吾居十二年者，今其室十无四五焉，非死则徙尔，而吾以捕蛇独存。悍吏之来吾乡，叫嚣乎东西，隳突乎南北，哗然而骇者，虽鸡狗不得宁焉。吾恂恂而起，视其缶，而吾蛇尚存，则弛然而卧。谨食之，时而献焉。退而甘食其土之有，以尽吾齿。盖一岁之犯死者二焉，其余则熙熙而乐，岂若吾乡邻之旦旦有是哉？今虽死乎此，比吾乡邻之死则已后矣，又安敢毒耶？"

余闻而愈悲。孔子曰："苛政猛于虎也。"吾尝疑乎是，今以蒋氏观之，犹信。呜呼！孰知赋敛之毒，有甚是蛇者乎？故为之说，以俟夫观人风者得焉。

当柳宗元只能知其悲，哀其命，因没有实权不能解其缚之时，就用一支笔实录他们的遭遇，一句“苛政猛于虎”警示着古往今来的多少蒙昧中人。他不知道，这篇著名的《捕食者说》日后成为流传千古的佳作。蒋氏家族以及那个时代像他一样甚至不如他的那些平民百姓们，都因为这篇文章而将自己的不幸遭遇呐喊而出。在永州，他依然是一个斗士，依然孤往直前，用一支笔孤独地战斗着。

相伴而行回长安

唐宪宗登基十年之后，元和十年(815)正月，朝廷终于对“八司马”开恩，将他们召回长安。柳宗元与刘禹锡一路结伴而行。

元和十年(815)正月，在苦闷和期待煎熬心灵之时，柳宗元接到朝廷召他回京的诏书，这距柳宗元被贬永州已有十一年之久。

十一年贬谪生涯似梦幻一场，几多蹉跎，几多崚嶒，没人说得清。柳宗元记不得永州庭前多少次花开花谢，更记不得夜来多少次幽梦忽还乡，他所有的，只是等待，直到十一年后的今天，他终于从一个混沌的、冬眠式的状态中苏醒过来。是啊，春天真的到了，握着刚刚接到的诏书，他感到体内每一个细胞都开始鲜活，有种巨大的张力在心中排山倒海：“我可以回长安了！我可以回家了！”

柳宗元携带家眷朝行夕宿，经过大大小小的驿站，每走一步，离长安就更近些，十一年来，他的心每每走在这条路上，唯独今天才身心合一，梦幻成真。而老朋友刘禹锡也从朗州回京，不知此刻走到哪里了？

一直到襄阳驿站时，两位老朋友才相遇。经历了这次宦海沉浮，柳宗元与刘禹锡除了是挚友，更是相怜相惜的难友，相见自然格外激动。

刘禹锡发现柳宗元鬓角已有斑白，行动也很迟缓，整个人消瘦很多，内心十分难过。柳宗元见刘禹锡这等神色，就安慰道："唉，自我被贬后，保守派就造谣诽谤，送我绰号'怪民'，这几年来骂声可是一直不断。永州的家又几次失火，有时连着几个月睡不好觉，瘴气也厉害得不得了，我这膝盖啊一走路就发颤，坐着时间长了就发麻。人瘦了正常，梦得不必担心。"

"回长安后可要多加注意身体。"刘禹锡说。

"梦得，在永州时我写的信你想必也收到了，你说皇上这次召我们回来，到底会做什么打算？"故人相见的兴奋淡却，柳宗元不禁思虑未来的仕途。"我听说去年韦贯之出任宰相，当年他可是支持我们改革的，崔群现在也做了户部侍郎，向来同情我们的裴度正担任御史中丞。我相信他们三个在皇帝面前会替我们说话的。"

"现在局势紧张，藩镇割据很厉害，朝廷让我们回京无非想缓和一下内部矛盾。"刘禹锡说。

"终究是祸是福？目前还看不清。"柳宗元皱起眉头。

"管他呢，祸兮福所倚，福兮祸所伏，很多事都不是你我所能左右的，静观其变就是。"与柳宗元的多虑正相反，刘禹锡一副无所谓的态度。"在朗州待久了，又不准我们离开朗州地界，真是憋闷，咱们要好好享受这大好春光。襄阳城南就是淳于髡墓，不如我们明天去祭拜?"

"楚人怜他远葬他乡,把他墓建在大道边,好让他早日魂归故里。这番际遇倒和你我相似啊!"柳宗元说。

第二天,在淳于髡的墓前,两人各作一首诗,刘禹锡做的是:

生为齐赘婿,死作楚先贤。
应以客卿葬,故临官道边。
寓言本多兴,放意能合权。
我有一石酒,置君坟树前。

柳宗元的是:

水上鹄已去,亭中鸟又鸣。
辞因使楚重,名为救齐成。
荒垄遽千古,羽觞难再倾。
刘伶今日意,异代是同声。

战国时期齐国人淳于髡身份卑微,到了楚国后才施展才能,有所造诣。柳宗元只感觉他们与淳于髡当年一样,才志抱负不得施展,真是萧条异代不同时。

也许是北归一路上春风太过殷勤,阳光太过明媚,两人的心情由初见时的悲喜交加变得轻松开阔起来。到了汨罗江边时,柳宗元回想起屈原,对照自己眼下的境况,他大发感慨,写下这首《汨罗遇风》:

南来不作楚臣悲,重入修门自有期。
为报春风汨罗道,莫将波浪枉明时。

他觉得自己不必再像屈原那样为报国无门而悲伤自怜，眼看着就能回到长安回到朝堂。在这春风中行进在汨罗江边的路上，回想起先贤，就要激励着自己要有所作为，不要辜负了这开明的时代。他希望回朝廷后重新大干一番事业。

四千里路的辛劳在北上的旖旎春光中悄然顿释，晨起时半含露的蔷薇，微风拂过留下幽香的紫苑，午后林地四处蔓延的金色，以及傍晚开在驿站旁不知名的小花，都让柳宗元不觉喜从中来。真奇怪，往年的春天也是花开遍地，自己却无半点感知，唯有今天，才感觉一切皆新，春天真正绽放在心里。快抵达长安近郊时，他又微笑地吟出一首诗：

十一年前南渡客，四千里外北归人。

诏书许逐阳和至，驿路开花处处新。

一切美景都是呈现给那些心情好的人。心情不好时，再好的美景也没有意义。此时的长安，是一个充满光明和希望的地方，柳宗元正期待着朝廷给他一个重新展示才华的机会。他要一切从头再来，把自己的万丈豪情和聪明才智都献给强盛的李唐王朝。

而朝廷会给自己这个机会吗？问春春不知，问花花不语，他唯长驾直趋，扬鞭北上，让内心的兴奋再强烈些，再强烈些，好冲散这十一年来的囚居永州的苦闷与忧郁。

玄都观桃花诗案

回到京城的柳宗元等待被朝廷再次启用，没想到刘禹锡做的一首游玄都观桃花诗惹来了麻烦。很快，他与刘禹锡再次被贬，一个柳州刺史，一个播州刺史。

柳宗元和刘禹锡回到京城后，很快又聚到一起。

“这次回来我发现朝廷官员有很大变动，韦贯之为尚书左丞，并同中书门下平章事，裴度为御史中丞，李绛为礼部尚书，崔群为户部侍郎，权德舆为刑部尚书，这些人都是支持我们革新的，唯独一个门下侍郎武元衡，当初一直反对我们。离京这么多年，新贵也层出不穷，大有人在，未必肯容你我，你我势必要小心行事啊！”柳宗元道。

“你提起他们，我倒想起我们这些当年一起被贬的朋友，王伾死在开州任上，王叔文被赐死在渝州任上，前日见到韩泰、韩晔，才知道韦执宜在崖州时就已过世，凌准也死在连州，唉，尘归尘，土归土了……”刘禹锡感慨道。

“是啊”，柳宗元追忆往事，一阵心痛，那些曾一起建功立业，即将大展宏图的弟兄们如今尚有几人？他想起一人，“陈谏，还有陈谏，已从台州回来了”。

"好啊，我们几个确实该好好聚聚了，先别担心这担心那，最近京城里的人都争相去玄都观看桃花，我联系他们几个，我们也去玄都观游玩一番！"

柳宗元和刘禹锡并不知道，他们仕宦生涯中极为重要的转折即将发生在这玄都观中。

玄都观位于南朱雀门大街崇业坊中，是长安城最大的一座道观，以其清雅的自然环境与高道云集的人文环境成为士人聚集胜地，只是"安史之乱"后，玄都观已经没有学养深厚、能够为士人师表者，只能依靠自然景观吸引游人，虽士人云集，却不再有浓郁的人文气息。不知是为了道观兴盛，还是确有其事，总之近来传说纷纭，说观中有位道士种过一株仙桃树，一逢阳春，桃树盛开如红霞片片，映红了整条朱雀门大街，观赏桃花就成了时人最富兴致的春游活动之一。

在车辚辚、马萧萧声中，柳宗元、刘禹锡一行人来到玄都观。阳春三月，满院一树树的桃花争相盛开，一片片的明艳让人目不暇接，一抹抹桃红让人流连沉醉。

这是十一年前的玄都观吗？柳宗元一边欣赏这满眼的明媚，一边按捺不住内心的感慨万千。十一年前的玄都观尚是文人雅士吟诗作赋之地，如今成为一个游览纵乐的场所，长安的变化真大啊！人都说物是人非，可现在的长安对于自己来说，简直是物非人亦非。他看着观中熙熙攘攘的达官新贵，又打量自己这一行五人，今昔的对比让他隐约有些担忧，玄都观的变化是外在的，人人都可以看到的，而朝廷内部的变化想要得知就没那么容易了。他知道，十一年的万死投荒生涯早已蹉跎了少年时代的万丈豪情，孤胆英雄的长剑虽在手，却不能再孤注一掷，他没有任何筹码可以输，青春不再、人脉几绝。更主要的是，在政治领域中，一不小心站错了位置，难逃一失足成千古恨的结局。在史书上，你将永远洗不清自己的罪名。

就在柳宗元忧心忡忡、无心赏花之时，却听到刘禹锡一阵大笑，韩泰和韩晔都问他笑什么，刘禹锡指着花前亭下那些公子王孙，嘴角浮上揶揄："想不到我等走后，玄都观成了这些庸才赏花之处，王霸大业安可续？真是让人不敢作想！"柳宗元和陈谏生怕旁人听到刘禹锡的话，都劝刘禹锡小声点。韩泰和韩晔却说："怕什么，这也是实情。"

正说话间，只见人们争相涌向道观后庭，不知有什么新鲜事。柳宗元一干人随着人群来到后庭一看，原来一些士人争相在墙壁上题诗，纷纷歌咏所见美景，围观的人越来越多。

刘禹锡见到这情景，便说道："这还有点像十年前的玄都观，毕竟有些文化气息。"可是五人将诗逐首读去，却发现并无好词妙句。韩泰见状，对刘禹锡和柳宗元说："梦得和子厚不妨做来，我且题上去，也不辜负了这良辰美景。"刘禹锡连声说好，"诗早在心，憋得我难受。"说罢就要吟出。柳宗元一惊，下意识脱口而出："且慢！"他再了解刘禹锡不过了，这个坚执顽固又由着性子的老朋友，一进玄都观就左右都看不顺眼，说不好会吟出什么样的诗来。韩泰却怂恿着刘禹锡快吟，题诗人中有认识刘禹锡的，直让出位置给他："刘司马才情盖世，京城谁人不知，您请——"

刘禹锡并不推迟，口占一绝：

紫陌红尘拂面来，无人不道看花回。

玄都观里桃千树，尽是刘郎去后栽。

刘禹锡边吟，韩泰边题在墙壁上，题罢，刘禹锡又落款，题为“元和十年自朗州至京戏赠看花诸君子”。柳宗元见状，倒吸一口凉气。十一年前的他，也一定是这等口气，可是如今的他，觉得祸兮将至了。

这首诗从表面看再正常不过，玄都观里的桃千树确实是刘禹锡等人贬谪之后才栽种的，不往深处分析，那么此诗就是一首游览咏叹新奇景物诗，但“尽是刘郎去后栽”一句和题目中“戏赠”二字难免让人多心。

宪宗朝早期的宰相是武元衡，掌有大权。武元衡当初对柳宗元一派的“永贞革新”持反对态度。他是在柳宗元、刘禹锡等被贬之后才当上宰相的。如果从比喻的角度看这首诗，武元衡等当朝新贵正像玄都观里的一棵棵桃树，是刘禹锡离京后才栽下去的。当时与武元衡站在统一战线的还有很多人，这些人多为“永贞革新”的反对者，那么他们不正是“桃千树”，都是“刘郎去后栽”吗？这是一种极大的讽刺。唐人作诗，讲究用意，尤其是带有咏物性质的诗，往往用比喻来委婉地表达用意；唐人也有颂扬牡丹、贬抑桃花之社会习俗；加之这首诗的题目中“戏赠”两字足以表明刘禹锡作此诗是一种诙谐戏谑的口吻。

可以想象，当武元衡等人听到这首诗时，一定怒火中烧，刘禹锡竟然暗地里讽刺自己，而且还在显露才华作歪诗，并没有知错悔改的表现，简直不知天高地厚！宪宗一定更加恼火，本想看到这些被召回的人表达自己的悔过，给一个台阶下，谁料他们却一副洗雪陈冤的态度，再伟大的帝王也不会原谅他们，那样就等于承认他们的冤屈，承认自己是错的。若往深处想，那个有点邪气的栽桃的道士也有影射宪宗的嫌疑，这是何等讽刺！

在仕宦之途低落时期，任何一句模棱两可的话都有可能成为对方将己置之死地的利器。柳宗元的担忧并非无的放矢。桃花诗一出，皇上重新起用几位司马的诏书迟迟不发。

其实，面对这些当年与自己作对的罪臣来说，十一年的贬谪生涯已经让他们吃尽了苦头，宪宗也想看看这些人此番回京后是否能够悔过。作为一个清明的帝王，勇于宽恕是必不可少的品质。可是，几人回京后，所上的谢表里只是简单地对皇上召回表示感激，并无受宠若惊之意，如今桃花诗又明显地揶揄当政者，联想起当年与自己敌对情形，宪宗实在无法宽恕。

于是，就在柳宗元等人回到长安仅一个月后，三月十四日，在大明宫的含元殿凤翔阁中，如何处理新"永贞"余党的新旨终于颁出了——他们一个个将再次被贬到蛮荒之地，不同的是，他们这次不是作为闲散官员的州司马，而是掌握一方政权的刺史，但贬谪的地方更远更偏僻更荒凉。柳宗元被变为柳州（今广西柳州市）刺史，刘禹锡被贬为播州（今贵州遵义市）刺史，韩泰被贬为漳州（今福建漳州市）刺史，韩晔为汀州（今福建长汀县）刺史，陈谏为封州（今广东封川县）刺史。

那天刘禹锡题诗玄都观，柳宗元就有不祥的预感，只是一切来得太快了。想起一个月前回京路上的欢喜，他觉得自己更像玄都观里的桃花，乍现凋零。然而，柳宗元深知老朋友这个性情，坚持真理，更不肯向权贵低头，他又何尝不是呢？有老朋友代言，将心中的愤懑一吐而出，着实过瘾。只是过瘾之后又将开始万里投荒的生涯，他知道这也许不是作一首讽刺诗的结果，可宦海沉浮的原因谁又说得清？祸兮之后福在前方吗？对于老朋友惹来"祸"，他没有责怪，反倒让他认清现实。

这一次，他认命了，彻底认命。

请求柳州易播州

伟大的人之所以伟大，能够青史留名，并不一定在于他建立了多少丰功伟绩，而在于他彰显的人格魅力有多感人。能够感动别人的人，历史注定不会遗忘他。

玄都观桃花诗风波过后，柳宗元感到此生将再难回京城，无奈之余，开始收拾行李，不日又将启程，比起十一年前赴永州的颠沛流离，这次会少一些担忧，母亲卢氏几年前因水土不服，已在永州居所过世，家中再没有老人要饱受这颠沛之苦。想起母亲，柳宗元不禁潸然泪下，子厚不孝，竟让母偿子罪，客死异乡，可即便是今日在世，仍免不了迁谪之苦。想到这，他突然想起刘禹锡的母亲。检点几人的贬所，刘禹锡被贬的播州最为荒凉，不知是否与他做桃花诗有关，这大概是皇上的格外赏赐吧。可是刘禹锡的老母已经八十多岁了，如果跟着刘禹锡一起到贬所，一路上道路崎岖，旅途颠沛，到了播州后必定九死一生；如果不跟着刘禹锡去播州，这一贬大家都不知何年何月才能回到长安，那刘禹锡跟老母亲无异于永诀。

“我已失去母亲，不能让梦得再遭受这样的痛苦！”他暗暗地想，随即开始写奏折：

禹锡有母年高，今为郡蛮方，西南绝域，往复万里，如何与母偕行？如母子异方，便为永诀。吾与禹锡执友，胡忍见其若是？……

与播州比起来，柳州的环境相对好一些，因此柳宗元上疏朝廷，拿自己的柳州跟刘禹锡的播州对换。奏折写完后，柳宗元封好。灯下，他沉思良久，这样做恐怕会惹皇上不快，降罪于自己，可是不提此事，梦得与老母亲真的要生离死别了，罢了，就算皇上真的怪罪也无所谓了，死又能怎样，大丈夫生当无憾！

果然，宪宗看过奏折后，有些恼火，贬臣罪子，还跟自己谈条件。御史中丞裴度见到这一情形，就劝宪宗："陛下，播州太过偏远，那里四处猿穴，刘禹锡上有八十老母，禁不起折腾，是万不能跟他一起去播州的，如果不随往，此生还能有母子相见的可能吗？这无异于死别啊！"

宪宗道："作为人子，应当谨慎从事，不要让亲人担忧，这是刘禹锡的罪过。"

裴度见宪宗这等态度，就旁敲侧击起来："陛下圣明，陛下一直以孝道为天下人诚服，若因贬谪让刘禹锡与老母生离死别，有违人伦之情，不如稍微改动，路途不那么遥远即可。这样天下人自然又对陛下所行孝道心悦诚服。"

宪宗皇帝思索良久，觉得裴度是为自己着想，"还是裴爱卿想得周到，易刘禹锡贬所播州为连州好了，至于柳宗元，仍赴柳州任。"

裴度连说"陛下圣明"，暗暗松了一口气。多年前，他就很欣赏刘禹锡和柳宗元两人的高才博学，他也知"永贞革新"虽激进了些，却对李唐王朝的统治大有裨益。这次，两人虽同时被贬，柳宗元却甘愿代刘禹锡去播州，患难见真情，怎能不叫人感动？他一定要成人之美。只可惜刘禹锡和柳宗元生不逢时，蹉跎了鸿鹄之志，这一去山长水远，回京的日子遥遥无期。

柳宗元上书以柳州易刘禹锡播州的事在京城一传开，大家众说纷纭，莫衷一是。有人嘲笑刘、柳落到如此田地，有人为两人深情厚谊所感动。刘禹锡得到改播州为连州的文书后，方得知柳宗元为了自己差一点获罪。

"何苦来呢？本是罪臣，如果子厚因此罪加一等，我情何以堪！"刘禹锡很愧疚。

"你我这等关系，还有什么话可说。"柳宗元叹气。

"子厚才是真勇士，不像我，倒逞些文才之能，反倒让子厚受我牵连。"刘禹锡想起桃花诗，不免懊恼。

"依我看，朝廷内部对我等早有打算，岂是一首桃花诗左右得了的"，柳宗元安慰起刘禹锡，"祸兮福所倚，福兮祸所伏，这次我们再贬，与以前不同，是做刺史，是有职有权的地方官，比起以前有名无实的司马，毕竟还能做些事，造福一方。"

刘禹锡听到柳宗元这番宽慰，不知说什么好，他紧握着柳宗元的手，有这位多年来共患难的挚交在，此生遭受再大的打击也不会有遗憾了。

而刘禹锡不曾料到，他们这一别，竟成永诀，四年后，元和十四年的十月初五，这位急友之难的挚友与世长辞，再不能与他高谈阔论，道尽心中顿挫盘郁。故人不可见，江水日东流。借问河东老，江山空柳州。刘禹锡更不曾料到，他与柳宗元这段患难佳话被永久地留在了青史之上——《旧唐书·柳宗元传》记录了事情的始末。而与柳宗元在古文运动中桴鼓相应的领袖韩愈，于柳宗元去世的第二年撰写下著名的悼念文章——《柳子厚墓志铭》，在文中，韩愈用小人之行与柳宗元的高义作了鲜明的对比，最为精彩：

> 呜呼！士穷乃见节义。今夫平居里巷相慕悦，酒食游戏相征逐，诩诩强笑语以相取下，握手出肺肝相示，指天日涕泣，誓生死不相背负，真若可信。一旦临小利害，仅如毛发比，反眼若不相识，落陷阱，不一引手救，反挤之，又下石焉者，皆是也。此宜禽兽夷狄所不忍为，而其人自视以为得计，闻子厚之风，亦可以少愧矣！

呜呼！君子在困境中才看得出他的节操和义气！现在一些人，平日街坊居处互相仰慕讨好，一些吃喝玩乐来往频繁，夸夸其谈，强作笑脸，互相表示愿居对方之下，手握手作出掏肝挖肺之状给对方看，指着天日流泪，发誓不论生死谁都不背弃朋友，简直像真的一样可信。一旦遇到小小的利害冲突，仅仅像头发丝般细小，便翻脸不认人，朋友落入陷阱，也不伸一下手去救，反而借机推挤他，落井下石，到处都是这样的人啊！这应该是连那些禽兽和野蛮人都不忍心干的，而那些人却自以为得计。他们听到子厚的高尚风节，也应该觉得有点惭愧了！

诚然，在政治舞台上，柳宗元过早的夭折；在道德帷幕下，柳宗元却光彩夺目。失此得彼，孰轻孰重，自有人评说。

衡阳依依惜别情

人在一生中会有很多次分别，分别往往意味着再见，但柳宗元和刘禹锡于815年暮春在衡阳回雁峰前的分别竟是永诀。峰前大雁低回哀鸣，为两人的情深义重长鸣不已。

元和十五年(815)三月，返京后仅一个月的柳宗元、刘禹锡等人，再次离开长安，开始了向贬所行进的旅程。柳宗元和刘禹锡的贬所一个是柳州，一个是连州，路线相同，因此两人结伴而行，从长安出发，一路经河南、湖北、再入湖南，沿湘江而上。

这一天，两人不知不觉到了衡阳境内，远远地就望见衡山的最高峰——回雁峰，静静耸立，仿佛等着两人的到来。关于回雁峰有一个传说，人们一直认为北来的大雁南飞到了这里不会再往南飞，只等到来年春天再飞回北方。如今已是暮春时节，大雁早已飞往北方，柳宗元很感慨，如今他和刘禹锡就像是北来的大雁，千里迢迢达到回雁峰，不同的是，他们还要向更远的南方行进，来年春天也不可能回到长安了。他们是失群的雁，将在哀痛中度过各自的余生。

正伤感间，只听到刘禹锡喊道："快看！草里有什么东西！"

随着刘禹锡的指向，只见荒草杂树间隐约有一块破残的石头，拨开荒草，一块石碑横卧在草丛中，上面刻着“伏波古道”。

“原来我们到了马援当年南征时开辟的道路了！”柳宗元道。马援是东汉著名将军，曾率领军队征讨越南，这条入桂州的道路就是他当年开辟的。因马援立下汗马功劳，被皇帝封为“伏波将军”，“伏波古道”也因此得名。

“前面好像还有庙屋。”刘禹锡拉着柳宗元一起向荒草深处走去。在连天衰草中，两尊石刻像立在两边，石像后是一座破旧不堪的祠庙，祠庙上方隐约有“伏波将军祠”几个字。

“原来是马将军的祠堂。”刘禹锡说。

柳宗元抚摸着祠前石像，说：“想不到两尊翁仲还在。”翁仲原来是秦始皇时代的大将，姓阮，身高一丈三尺，忠勇憨厚，力大无穷。东征六国时，秦始皇令翁仲把守临洮，翁仲不辱使命，多次击退外族侵犯，战功累累，因此得名。翁仲死后，秦始皇用铜铸了一尊翁仲像，置于咸阳宫司马门外，作为纪念。匈奴人来访时，以为翁仲还活着，都很胆怯。此后的帝王就纷纷效仿这一做法，后来的翁仲像大都用石头刻成，通常置于陵墓旁，像卫士一样守护着亡灵。

两人拜过马援像，将祠前荒草清理了，对着眼前东西两条路，你看我、我看你起来。走到伏波古道，意味着接下来该分路而行，柳宗元向西走是柳州，刘禹锡再向西南走是连州，一路相伴，此时不得不分手。

“好歹这回你我都做刺史，比起十年司马有名无权的官职好多了，毕竟还能做些事，咱们这不能学小儿女家哭哭啼啼的，大丈夫生当作人杰，咱们还要干一番事业！”刘禹锡虽不舍，却劝起柳宗元来。

“永州十年，九死一生，好不容易回到长安城，却晴天霹雳，再贬岭外，做梦也想不到。马援将军当年的道路，现今只剩云雾弥漫，石人也早被草木埋没，残余废墟真是触目心惊啊！你我二人又懒于趋炎附势才招惹打击……”说到这，柳宗元停了停，语重心长地对刘禹锡说：“梦得啊，以后不要再说讽刺的话了，不能再出风头啦，玄都观桃花诗不就是活生生的例子吗？”

刘禹锡有些惭愧，如果不是桃花诗风波，他们也不至于被贬，即便被贬，也不至于这么快。在事情尚有转机的时候，他让结果越来越糟。柳宗元见老朋友这样神情，又反劝道：“梦得也不必后悔，别说你看不惯那些公子哥，我也是有气发不出。”

刘禹锡见老朋友这样说，就释然了，“子厚，闹归闹，我且问你，就一件——这么多年我们一贬再贬，你后没后悔当初参加变法？”

柳宗元正色道：“为什么要后悔？就算今天的柳宗元落得个处死的下场，也坚决支持革新！我们没有错，我们为的是天下苍生，变法的哪一条不是针对朝廷的陋习？哪一条不是为了百姓的安危？我们何罪之有啊？”

“子厚，有你这句话，我就安心了。十一年来，我总不断地问自己，终究有没有错，参加改革，追随王叔文、王伾两位大人，我无愧于朝廷，无愧于天下苍生，我自然没有错！但是没有错，我们为什么又被称为'罪臣乱党'?"这其中的矛盾不是'一朝天子一朝臣'就可以解释得清,到底什么是真理? 我们的问题又出在哪?"刘禹锡把心里话一吐而出。

刘禹锡的这些话,柳宗元不是没有想过,在永州的日日夜夜,他遁入佛法,惟愿佛法精深,解决他心中的困惑,但至今仍没有想通。

潇水静默东流,昼夜不舍,更无法解决柳宗元和刘禹锡的疑问,两人清醒地知道:今日一去此生难再会。屈原借《渔父》中的渔父之口说沧浪之水可以洗帽子上的红缨,现如今无须沧浪之水,国事家事自身事带来的重重压力若是让两人痛哭一场,所流的泪水就足够了!

正伤感间,一只大雁不知什么时候在回雁峰上空盘旋起来,不一会儿,另一只大雁也飞了起来,两只雁低回起落,久久不去。

"暮春时节尚未北归,这一定是失群之雁。"柳宗元道。

刘禹锡看了柳宗元一眼:"就像你我,朋友一场,相互扶持,纵然失路,却不离不弃。"

"是啊,官场失路,如同身陷囹圄,这些年你我的情谊却越来越深,这不也是所得吗?"柳宗元深有感触地说。于是他触景生情,吟了一首:

十年憔悴到秦京,谁料翻为岭外行。
伏波故道风烟在,翁仲遗墟草树平。
直以慵疏招物议,休将文字占时名。
今朝不用临河别,垂泪千行便濯缨。

“好诗，应景应情，我自会牢记子厚教诲，从此以后，‘休将文字占时名’啊，哈哈哈！”刘禹锡笑道。

“梦得，到连州后记得写信给我，报个平安，如果有一天天子开恩宽恕你我，再回到长安，咱们就在郊外买块田地，当个纯粹的农夫，每天一起除草种田，吟诗作赋，过过神仙日子。”柳宗元也轻松起来。

“到时候咱们的头发都白了，儿孙满堂，围着咱俩听故事，那该多好啊！”刘禹锡憧憬起晚年。

“我们一定要等到那时候！”柳宗元大声道。

一定要等到那时候，刘禹锡望着沿湘水逆流西进的柳宗元，心中的轻快忽然被一阵阴霾取代，四十四岁的柳宗元还年轻，但不知什么时候身体开始佝偻，在夕阳的余晖中，远去的身影投射出一种苍凉。

四年后，刘禹锡返回长安的路上再次经过衡阳时，接到柳宗元病逝的消息，噩耗传来，他想起柳宗元说的话，不禁泪如雨下，失声悲痛：“子厚，你失约了！”

讴歌智勇小区寄

初到柳州，柳宗元就看到街市上有贩卖儿童的情景。随后，他从杜周士那得知少年区寄智擒人贩的故事，并撰写了文章《童区寄传》，用以震慑贩卖儿童的罪行。

与刘禹锡分手后，柳宗元沿潇水而行，于元和十年(815)农历六月二十七日达到柳州。柳宗元带着家中老少一行人穿过街市时，只见道路两边都跪着一群衣衫褴褛的孩子，七八岁左右的光景，头上或衣领上插着草标，几个大人也穿得破破烂烂，分别看管着这群孩子。

柳宗元见状，不明白其中原委，正巧下员前来迎接，柳宗元就问起来："这些插着草标的孩子是怎么回事？难不成要出售？那些看管的大人又是怎么回事？太平盛世里怎么会有这等事？"

下员道："柳大人有所不知，这些孩子啊都是要卖出去的，那些大人都是他们爹娘——"

柳宗元一听这话，吃了一惊："你是说当爹娘的卖亲生孩子！"

下员道："是啊，柳大人所有不知，这百越之地的人太狠心了，不管生男生女，都当货物一样看待。小孩长到七八岁光景，爹娘要是缺钱花就把他们卖掉。最要命的是卖孩子的钱要是不够花了，就想办法偷别人的孩子。为了看住这孩子啊，拿铁箍子套脖子，拿木铐铐手。”

柳宗元倒吸一口凉气，他没想到柳州竟然有这样的恶习俗。他问下员：“在此地为官的基本都是朝廷派过来的，为什么不管这事？”

下员感叹道：“大人啊，眼下当官的十有九人都为了自己谋利，他们不仅不闻不问，还利用这个恶习俗得到童奴，时间一长，做小孩生意的人越来越猖狂，都做起大人生意了，见到个子矮力气小的，就绑架起来也卖了。柳州这地方啊人口是越来越少啦，小孩也逃不掉当童奴的命运了。大人啊，如今这事只能指望您来解决了！”

“蛮荒之地缺少文明，出现这样的现象倒也不足为奇，只是为官者为一己私利对恶习不管不问，就太不应该了！”柳宗元沉思片刻，说道。

上任后，柳宗元一直思考如何解决柳州贩卖儿童的问题，也从多方着手调查这件事。可巧，这天桂州都督从事杜周士来柳州拜访柳宗元。杜周士原与柳宗元很熟悉，听说柳宗元从永州又被贬到柳州，担心他心情不好，就前来问候。柳宗元十分高兴，两人聊得很开心。柳宗元聊起柳州贩卖儿童一事，问杜周士什么看法。

杜周士道：“柳州向来有这种习俗，加上地方官员放纵，已经不成样子了。”

柳宗元点头道：“我担心孩子从小就做奴仆，久而久之丧失了自性，真是悲哀！”

杜周士道：“这些孩子确实都麻木了，不过也有例外，柳兄不知，柳州倒出现过一件有意思的事。”

柳宗元道：“哦，说来听听。”

杜周士道：“前阵子有个叫区寄的小孩，今年十一岁，每天打柴放牛，一天，被两个人贩子绑架了，双手反绑，嘴也被堵上了。人贩子打算把他带到集市上卖了，这集市倒也远，一走就四十多里。换成别的孩子，早就吓瘫了，这区寄还挺有心眼儿，假装害怕，哭啼啼的，人贩子看他这样，一想跟别的孩子没啥区别，觉得好对付，就掉以轻心了，开始喝起酒，喝得是酩酊大醉，其中一个还跑走谈生意去了，另一个就醉得睡着了，刀就插在路边草丛里。区寄一看这形势，就挪到刀刃边上，背靠刀刃磨捆手的绳子——”

“这孩子真机灵！”柳宗元忍不住打断。

“说的是呢，更让人佩服的是，别看这孩子小小年纪，他一旦磨断绳子，就拔刀把睡着的那个人贩子砍死了！”

“了不得，智勇双全！后来又怎样？”柳宗元问道。

“区寄杀了人，就一直往回跑。那个谈生意的人贩子一回来看到同伴被杀了，孩子也没了，就赶忙追区寄。毕竟孩子跑得慢，一会就被追上了。人贩子拿刀要砍了区寄，这孩子又说了一番话，你猜他说什么？”

柳宗元笑道：“这孩子聪明得很，肯定化险为夷了。”

杜周士道：“真让柳兄猜着了，这孩子说啊：‘两个主人共有一个仆人，哪比得上一个主人独占一个仆人呢？你走后他对我不好，还要杀了我，要是你能保全我性命，好好对我，你怎么处置我都行。’这人贩子想了想，也是这个道理，卖了区寄，两人分钱，还不如一个人独占。他就把同伴尸体埋了，捆了区寄到市集上专门做贩卖儿童生意的窝点。到了半夜，趁人都睡着了，区寄就挪到炉子边上，趁火旺把捆手的绳子又烧断了，这次可好，找到刀把这个人贩子也杀死了。之后就大哭大叫，把整个集市的人都招来了。大家一看这架势都呆了，偏这孩子不慌不忙，跟大家理论起来，说他不是童奴，是区家的孩子，被两个人贩子绑架来的，幸好自己也把他们都杀了，希望大家把这事报案。”

柳宗元赞叹道：“这么小的孩子，却这么勇敢，机智过人，两个大人也不是他对手，将来必定是个人才！”

杜周士道：“正是！墟镇上的官吏便把这件事报告州官，州官又报告上级官府，官府长官召见了区寄，一看，想不到竟是一个年幼老实的小孩儿。颜刺史觉得这孩子很了不起，想留他做一名小吏，区寄却不肯。颜刺史就给他一些衣裳，派手下护送他回家了。打这以后啊，乡里那些抢劫绑架打家劫舍的人从区家门口过时都不敢往里看，整个柳州城都说这孩子比秦武阳还小两岁，却杀了两个人贩子，招惹不得啊！”

柳宗元沉思良久，很感慨：“好一个区寄，这孩子心智成熟得早，比起那些集市上插着草标被卖的孩子，真是让人佩服。对区寄这样有勇有谋、不畏强暴的孩子，咱们官府应该高度赞扬，这种抗争到底的行为更应该大力提倡。”

杜周士突然想到什么，道："柳兄，您的文章是天下一绝，不如您为区寄的事迹写篇小传，在各州传播开来，借此开展打击人口贩卖行为，不更好吗？"

柳宗元拍案称好："说得好！我这就写！"

于是，柳州及周边州县的人很快都读到了柳宗元为区寄写的小传——《童区寄传》，大家本来对区寄的事迹都很佩服，一见新来的刺史都这样赞美区寄，不由得对卖孩子的行为反思再三，不像以前那样放纵了。至于人贩子，都想着新官上任三把火，不敢轻举妄动，一时间人口买卖的生意减淡了不少。但是柳宗元知道，这都是一时现象，要想改变整个柳州的恶习，还需要大动干戈。他思考着问题的症结、解决方法和结果。他觉得这个与自己同姓的州府似乎在冥冥之中拯救着自己，让他不再沉溺于贬谪的痛苦之中，在这里，他体会到民生之多艰，他要走入寻常百姓家做点实事了，治大国如烹小鲜，他要把柳州这一亩三分地变成自己的试验田。

释放奴婢办学堂

柳宗元以释放奴婢的法律方针来解决柳州卖儿卖女的陋习，并重建孔庙，兴办学堂，发展教育。柳州发生了翻天覆地的变化。

经过一段时间的考察，柳宗元发现柳州人卖儿卖女并非天生心狠，而是不得已。柳州地方偏远，经济落后，当地人本来就贫困，加上对农田的开发不足，收入极不稳定，生活更加举步维艰。富豪之家向劳苦民众农民租借土地，或放高利贷，一旦农民欠收，自给自足尚难，何况还贷，不得已就得把自己的子女送到债主家作抵押，无力及时还债赎回，就利上加利，到了利息与债款相等的时候，被抵押的穷家子女就要终身沦为任人驱使、毫无自由的奴婢。柳州地区甚至出现过富豪家有婢妾百人、男仆数百人的现象，许多穷苦家庭因此破碎，社会生产受到破坏，地方税收也受到很大影响。久而久之，柳州人对卖儿卖女都麻木了，因此就有了柳宗元初来柳州时看到的当街卖儿女现象。一向主张“以生人为己任”的柳宗元决心改变这种恶习。

很快，新的州府政令开始发布，柳州人民奔走相告，纷纷议论。这天，柳宗元穿着便装走进围着新布告议论的人群。只见一个年轻人读着告示:"国法规定:'不许典贴良人男女作奴婢驱使',依国法,本州禁止人口买卖,废除奴婢旧俗……"

刚读到这,人群中就掀起轩然大波。

"什么?废除奴婢制,那欠我家的那些债都怎么还?"

"没听错吧?这可是我们这儿的习俗,新来的刺史怎么说改就改!"

一位长者高声道:"听他念下去!"

人群平静了,年轻人接着念:"已沦为奴婢者,在为债主服役期间,按劳动时间折算工钱,工钱抵完债后立即恢复人身自由,债主不得私自扣押。"

大部分人听后面面相觑,愣住了。老者道:"这才是为民造福的官员,被卖的孩子以后啊都有回家的那一天啦!"大家这才缓过神来,明白怎么一回事,有的喜极而泣,有的互相拥抱。柳宗元看到这一幕,很是欣慰。

这时,只见最开始发表意见那个人气急败坏地说:"我家奴婢近百人,说还就还也太欺负人了,毕竟当初也借出去不少田不少钱,就算服役可以折算工钱,算来算去我也是亏本!"

柳宗元听到这话,就上前问:"本地像你这样的富豪有多少户?"

那人道:"少则也有十余户。"

柳宗元道:"如果州府出一定钱给你补偿,你把家里的奴婢都释放了,可愿意?"

那人道:"有补偿自然是好,为何不愿意?"

柳宗元道："这就好办了，明天你把全柳州家中奴婢过百人的都给我找来，我亲自解决你们的问题。"

那人愣道："你是哪位啊？我到哪找你啊？"

柳宗元刚要回答，远远地看到下属跑来，喊道："柳大人，不好了，有人在孔庙那儿打架了！"

大家知道是刺史大人，都纷纷下跪，内心充满感激。柳宗元临走对那人道："记得明天到州府找我。"随即匆匆赶去孔庙。

下属道："烦劳柳大人不得已，打架斗殴哪里还要堂堂刺史大人过问，只是柳大人吩咐过小人调查孔庙的情况，偏好今天他们把孔庙砸得破烂，小人不敢怠慢，就跑来通报，本来庙就够破了，这下又完了！"

柳宗元和下属赶到孔庙时，被眼前的情景震惊了。整个祠庙残破不堪，半个屋顶都塌陷了，屋内蛛网尘埃，最可悲的是先师孔子的塑像几乎不复可见，底座、像身都残成碎块。他拨弄着碎石，一块石头上俨然刻着"唐贞观二年，太宗令州县立孔庙，四时致祭"，这样算来，柳州的孔庙已有百年历史。面对着自己自幼就膜拜的至圣先师像，柳宗元俯首下拜，他清醒地认识到，对于柳州这个地方，必须要下大力气整治了。

几个打架的青年见穿着便衣的柳宗元对孔子像跪拜，还不知道怎么回事。下属道："这是刺史柳大人，还不行礼！"青年们推推搡搡，半天才叩首问讯。

柳宗元站起身来，对几个青年道："我且问你们，平时都做些什么？"

“没什么事可做，无非打打架，四处闲逛。”青年答道。

“白天正是读书的好时光，为什么要游手好闲？”柳宗元又问。

“为什么要读书啊？再说，没有学堂，也没有书，我们到哪读，读什么？”青年嚷嚷着。

柳宗元连忙问：“如果这孔庙附近有开了学堂，不收学费，你们可愿来读书？你们每年都可以参加举人考试，考中了，也是州府出钱培养。大丈夫当早日立大志，求取功名，自己安身立命，将来上报父母和国家，下济天下黎民，你们说做人是不是该这样？”

青年们听了这一席话，彼此相看，虽然在他们的思想中，“读书”二字从未出现过，但柳宗元循循善诱、正气浩然的陈辞让他们十分汗颜。放下刚刚用来打架的石块，他们开始了人生中的第一次思索。

柳宗元回到州府后，感到从教育入手改变柳州百姓攻打劫掠、争斗行暴的陋习势在必行，就召集所有下属商议此事。柳宗元道：“民悍、渎巫，缘于少文、寡义，目前有必要采取以下措施。第一，要修复孔庙。把修复孔庙提到巩固‘教基’的高度加以重视，通过这事对百姓动以礼法。第二，兴办学堂，提倡读书。大力发展文化教育，兴文教，从根本上提高本地人素质。这是我近来想到的，不知各位有何高见？”

下属们都点头称是，十分佩服这位新长官。一位下属提出一个问题：“柳大人的方法非常好，想来柳州一定会呈现出新气象，只是还有一事下官一直没有想到很好的解决方法。”

柳宗元道：“快说来听听！”

下属道：“柳州这一带有迷信巫神、鸡卜、滥杀牲畜的习俗。人要是生病，不去求医问药，反请巫师来占卜。开始时宰杀鸡鸭一类的牲畜祭神，病情没有好转呢，就杀猪羊一类大一点的牲畜，再不行干脆杀牛杀马，要还是不行，他们就认为鬼神不肯放过自己，就和亲人诀别，用布遮面，不吃不喝等死。长此以往，这一带能种地的牛马越来越少，人也越来越少，很多田地都荒芜了，对生产生活破坏很大。今天柳大人下令办学堂，这是好事，只是这里的人太过迷信，顽固不化，乱杀畜生的事不好解决啊！”

柳宗元听了这话，觉得确实是个大问题，沉思片刻，问道：“柳州一带可有佛寺？”

下属道：“一百多年前这儿就有座大云寺，可惜失过火，现在太残破了。”

柳宗元道：“里面可有僧人？”

下属道：“僧人倒还有。”

柳宗元道：“这样，恢复僧人们晨钟暮鼓的修行方式，宣传佛教戒杀思想，要对百姓进行教化，引导他们保护牲畜，好好种田。再者，也要在大云寺里修建学堂，给孩子提供学习场所。此外，颁布政令，严禁巫医算命。同时我们要注意推广医学，就在本地培养医生为百姓看病。”

众下属听了，都拍手称赞，正在这时，只听外面有人喊道：“小的们想要求见刺史大人！”

柳宗元吩咐人请进来，果然是昨天看告示的那人，后面还带着几个本地乡绅。柳宗元道："你们几个对释放奴婢的新政令可能有不满意的地方，因为你们几人都是本地富豪，家中奴婢太多，如果把奴婢都放走，你们的亏损就大了。考虑到这种情况，我决定按奴婢人头算，释放一人补偿一钱，这样你们的亏损就抵消了。你们意下如何？"

管理账务的下属面有难色地对柳宗元说："柳大人，最近州府的财务有些吃紧……"

柳宗元笑道："没关系，我并没有想用公款赎奴婢，我打算自己出钱来办。"

众下属听了这话，莫不肃然起敬，对柳宗元钦佩至极，几位乡绅听罢，更是俯首谢恩，他们没想到刺史大人这样心系黎民，这样设身处地地为他们着想。

孔庙很快就修复好了，柳宗元亲自写了一篇文章《柳州文宣王新修庙碑》记录事件始末。各地的学堂也兴办起来，读书的青年越来越多，很多学子前来向柳宗元求教，柳宗元都耐心解答，循循善诱。有了文化的柳州人也开化了，生病不再找巫婆神汉算命，而是相信医术。一年之后，上千的奴婢都获得了自由，得以与家人团聚。三年后，百姓们安居乐业，自爱自强，柳州呈现出前所未有的新气象。当地很多穷苦百姓对柳宗元感恩戴德，桂管观察使裴行立听说柳宗元这些政绩，十分赏识，把这些改革措施推行到了桂管的各个州县。

柳宗元有时想，政令在一个小小的柳州实施起来，效果如此之好，如果“永贞革新”那些政令当年在全国推广开来，整个大唐是不是早就焕然一新了呢？想到这，他又摇摇头，逝者如斯，所有的都过去了，没有“可能”二字，他努力要做的，就是把柳州这个地方建设得更加美好。

开荒种田凿水井

释放奴婢、兴办学堂后，柳宗元又开始“种柳柳江边”、“手种黄柑二百株”、城北隍上凿水井等一系列有利于民的活动。古老的柳州城日渐呈现一派生机……

释放奴婢、兴办学堂之后，柳宗元又开始忙碌起来。他在修复柳江南岸大云寺时，发现寺院旁有很多空地，就以父母官的身份，号召、组织乡间的闲散劳力在寺旁种地、种菜、种竹、种稻、种木。通过大家的齐心协力，植树多株，植竹三万竿，开菜地百畦，垦田若干亩。他还亲自“种柳柳江边”，“手种黄柑二百株”，在州城西北角的荒地上种了二百株柑橘。在他的身体力行下，柳州人开始大力种植柑橘、柳树、竹子，发展柳州的经济生产，耕种土地面积也大增。有了足够的土地才能生产出足够的粮食和蔬菜，人民的生活才能走出饥饿和贫穷。他为改造一方水土，立下了不灭的功勋。只是，柳宗元做完这一系列工作后，发现一个问题：植树开荒的过程中缺少灌溉庄稼的水源。这对柳州人而言是最大的问题。他四处寻找水井，却发现柳州根本就没有水井。柳宗元一直为这事伤脑筋。

这天，部下蒋晏前来汇报工作，见柳宗元闷闷不乐，就问道：

"柳大人可有什么烦心事?"

柳宗元道:"自我来柳州,见本地并没有水井,百姓都去柳江边取水,难道从前也是这样吗?"

蒋晏道:"大人有所不知,这柳州千户人家、万余人口,吃水用水都背着小口大肚子的罂瓶,去柳江边汲水,必须要经过狭窄的崖路,特别危险。如果天旱水浅,到江边的距离就更远了。到了雨季,路险泥滑,汲水更加危险,稍有不慎,脚下一滑,汲水的人就会从陡坡上翻滚下去,轻者跌断手足,重者还会送命。柳州人吃水,只消一个字——难!"

听了这话,柳宗元吃了一惊,他虽来柳州数月,也知家中僮仆要出门取水,但不知这等危险。柳州人这种陈旧的思想观念和思维方式时刻都会带来危险。他沉吟了半晌,道:"我们需要多凿水井!"

蒋晏看着柳宗元,突然面露难色,他说:"柳大人,这恐怕有些难度……"

柳宗元很奇怪:"此前我并没有仔细勘测地貌,难道柳州这土地不适合凿井?"

"不是,柳大人",蒋晏道:"在您之前,也有位刺史想要凿井,谁知道井凿了一半的时候就崩塌了,这些老百姓一见这样子,都害怕得不得了,说是伤了'龙脉',破了'风水'。您知道,柳州人本来就觉得水是不可侵犯的龙圣,凿井不正是断'龙脉'嘛!"

柳宗元大笑道:"真是一派胡言!长安不是家家井池,谁见伤'龙脉'了?老天哪有怪罪呢?反倒是天天喝柳江水喝出病来，赶上连雨天，江水浑浊，喝了定要生病，难怪柳州人得怪病的多。我看凿井势在必行！”

蒋晏见柳宗元这等坚定，内心的不安也消了大半。他逐渐体会到柳宗元是一个很有判断力和行事能力的官员，这与柳州以往的刺史有很大不同。跟着柳宗元做事，他干劲十足。想到这，他十分振奋，向柳宗元拱手，道：“请柳大人把凿井这个大事交给我去办！我一定办好！”

柳宗元深知蒋晏为人稳重，这样的部下主动请缨，是他的福气。“我拨五十名军士归你调遣，你带领他们现在城北隍上开凿第一口水井，只许成功，不许失败！”

蒋晏清朗地回应：“是！柳大人！一定完成任务！”

很快，蒋晏带着军士在城北不分白天黑夜紧张的施工，引来很多百姓围观。大家纷纷议论凿井会伤害“龙脉”，这次凿井难保像上一回那样失败。柳宗元则带着部下一次次来安抚百姓。就在众人的猜疑和等待中，挖的洞一天比一天深了，可是仍不见水的踪影。

柳宗元前来视察，问蒋晏：“凿了多深了？”

蒋晏擦了擦满头大汗，“足有六丈多了！可水还是没出来！”

柳宗元走到洞边，见军士还在下面挥汗如雨地凿着土，不停地喊着号子，看到这，他束起衣服的前后襟，随着绳索逐步探下洞去。蒋晏紧随其后。到洞底时，柳宗元接过军士手中的镐，向着坚硬的泥土刨去。军士见刺史带头干活，更是干劲十足，大家齐声叫着号子：

"凿水井嗨嗨——出井水嗨嗨——柳州人嗨嗨——喝井水嗨嗨——"

这声音从深深的地下传出，吸引了无数柳州百姓。大家都扶老携幼跑来观看，焦急地盼望着，同时也被士气鼓舞，很多人跟着一起喊了起来。

大约又刨了六尺深左右，只听一个军士兴高采烈地喊着："大家快看啊！是水！"

柳宗元和几个军士围了上去，果然，渐渐潮湿的泥土上涌出一小股清水，虽然地下的光线暗淡看不大清水流，但水流的窸窸窣窣声让大家为之一振。柳宗元将耳朵紧紧贴在出水之处的泥土上，他听到底下传来隆隆声响，强烈的水流回环着，仿佛回应着人们的号子。

当白花花的井水喷薄而出时，柳州的老百姓被眼前的一幕惊呆了，生平第一次，他们知道了什么是井水，他们不再担心"龙脉"的问题，因为刺史大人和众军士正喝着那喷薄而出的井水，而且要他们也尝一尝。他们小心翼翼地从刺史大人手中接过盛着井水的瓦罐，又小心翼翼地咽下，发现并没有什么不妥。于是，瓦罐开始在人群中传递着，在这些百姓当中有活到七八十岁都还没有见过井的，当他们喝到清洌的井水时，都不禁高兴得欢呼雀跃起来。蒋晏用砖把井口砌起来，一个标准的水井就坐落在城北了。

柳宗元站在井边，向那些争相喝水的老百姓说道："乡亲们，今天这口井凿成功，意味着我们柳州人要告别喝江水、喝雨水的生活方式了。从今以后，大家都可以到这口井来打水，我相信，这甘甜的井水不仅能让我们的生活更方便，还可以美化柳州！我们种植了大量庄稼果树，这些庄稼果树都需要井水的灌溉，因此，我们还要不遗余力地开凿更多的水井，让我们柳州处处有井，让我们柳州人时时都能喝上井水！”

老百姓听了柳宗元这一席话，喝着新的井水，有着前所未有的新奇，他们说不出为什么，只觉得整个生活都随着这口井改变了，变得更鲜活，更有生命力。

城北这口井泉眼很多，水源充足，百姓们不仅可以随时取来供日常生活使用，还可以用来灌溉菜地，给生活和生产带来很大便利。开凿新井口，蒋晏带领军士在柳州城各处又开凿十余处水井，柳州人果然应了柳宗元那句话，时时都能喝上井水。一年后，在井水的灌溉下，柳州“香柑遍地，绿柳成行”。新的生活方式激活了新的思维方式，柳州城乡面貌发生了显著的变化，出现了“民业有经，公无负租，流逋四归，乐生兴事”的新气象：老百姓的生计安排得有条有理，租税没有积欠，逃亡在外的人也纷纷回来，颇有乐趣地兴办各种事业；还做到“宅有新屋，步有新船”；农家的“园地修洁，猪牛鸭鸡，肥大蕃息”。生产有了发展，生活也有所改善了。社会上还出现了“子严父诏，妇顺夫指，嫁娶葬送，各有条法，出相弟长，入相慈孝”的良好风气。此外，柳宗元的文明观念还渗透到城市的建设和规划上。在位期间，他整治了不少街巷，修筑了一些庙宇，并开发了不少自然景观，对“城廓巷道，皆治使端正，树以名木”，还在江边的驿道旁建了冬暖夏凉、别具特色的东亭，古城呈现一派生机，使得“柳民皆悦喜”。

从此江山空柳州

元和十四年十一月八日，重病缠身的柳宗元在遗憾中离开人世，刘禹锡和韩愈闻讯大为悲痛。

在永州时，柳宗元就染上了疾病，到柳州后，加上操持劳顿，柳宗元的身体一天不如一天。在这期间，长安的亲朋好友们都做过不少努力，想办法让柳宗元调回京城。柳宗元被贬永州时结识了吴武陵，两人十分交好。吴武陵在柳宗元贬柳州后调回了京城，更是想方设法，找到一线机会帮助柳宗元回调。元和十二年(817)，吴武陵参加了由裴度主持的平淮西之战。这次战役中，韩愈在裴度军中担任行军司马。吴武陵通过韩愈，向裴度贡献计谋，与韩愈同赴前线观察形势，有勇有谋，深得裴度赏识。平淮西之战结束后，吴武陵不断向裴度进言，请求把柳宗元从柳州调回京城。身为宰相的裴度正好急需招揽人才，便向皇帝进言请求诏回柳宗元。而此时的柳宗元已缠绵病榻多日。

这天，天气格外好，柳宗元感觉僵硬的身体稍微舒服一些，在仆人的搀扶下，他勉强拄着拐杖到庭院中透透气。院中长满了可做药材的植物，这些都是他亲手所植。在永州时就千方百计访医问药，久病成医，为了自己治疗疾病，不时地种植这些中草药，到了柳州后，这个习惯一直没改。

红白碧绿，一院的芬芳。仙灵毗是一个乡下小吏推荐给柳宗元的一味药材，专治瘴气风湿疾病。柳宗元后来在自己的院中遍植这种药材，早起采摘，用杵臼捣药，直到深夜。白蘘荷也叫阳藿，它的根可以当药材，用来治蛊毒。海石榴正盛开，榴花满庭艳，莓苔之间仿佛红霞相映。溢满露珠的鲜红的芍药，像醉酒一般微微倾斜，风吹枝动，浓郁的芳香随风四散。灵寿木的韧枝柔条生长得很奇怪，凸突劲节常常相对而生。柳宗元抚摸着他精心移植、培育的药材，突然觉得数月沉重的身体轻了起来。

三个小儿女在院中跑来跑去捉迷藏。卜居愚溪前后伴随身边的雷五之姨、生育双胞胎二女及周六兄弟的吕氏等，这些可敬的女子给柳宗元留下了血脉。大儿女将近十岁，小女儿六岁，长子最小，年仅四岁。看着不谙世事的孩子们，柳宗元心情沉重起来。他知道自己的时日不多了，而儿女尚小，让他如何放心得下！况且家中亲人多已病故，两个姐姐早逝；堂弟柳宗直随他雷塘祈雨后因劳累突然发病，一夜之间也去世了；另一位堂弟宗一于元和十一年去了荆州；一直跟在他身边的表弟卢遵虽值得托付，但家中贫瘠，尚自身难保，何况再多添一口人？真不知道孩子托付给谁？想到这里，柳宗元眼前一亮，他怎么忘了相知多年的老友呢？

“快，扶我回屋！取笔墨来！”他对仆人说。

信纸铺好，他接过蘸好墨的笔，颤颤巍巍写下去。他打算把这封托孤信寄给刘禹锡。

一直到黄昏时分，柳宗元才把这封信写完，掷笔后，他再无力气，一下子倒在床上。仆人喂他喝水，他摇摇头，闭上眼睛休息。

他想着自己这一生的千转百折。少年时遭遇安史之乱，轰然倒塌的盛唐历经长久的动荡与混乱，在他心里留下阴影。青年时代几次求乡里保举为“乡贡”，却未获成功。二十一岁时终于考中进士，不幸的是父亲病逝，为父守丧三年后，出任秘书省校书郎。二十六岁时考中博学宏词科，任集贤殿书院正字，这才正式步入仕途。三十二岁被提拔为六品的礼部员外郎。又与刘禹锡等一同参加王叔文集团，进行“永贞革新”。就在济世救民愿望即将实现时，宪宗登基，革新事业彻底失败。仅仅一年，他被贬为永州员外司马。事非经过不知难，这样的人生际遇才让人知道什么蹉跎。而十一年后，本以为被召回朝廷后意味着可以再展宏图，谁知道“翻作岭外行”？柳宗元深深叹息，这一生，救世济民之志不衰，到如今终于遗惠一方。柳州四年，他付出了心血。他无愧。

恍惚间，他仿佛回到了长安西郊乡下的宅院中，跟着母亲卢氏默记辞赋，又仿佛回到城中亲仁宅住所中，与妻子杨氏一起赏月。一会，父亲柳镇、岳父杨凭、王叔文、好友吕温又都来看望他。他也想起曹侍御路过象县时赠诗给他他又回赠的那首诗，只能把这份寂寞诉诸文字：

破额山前碧玉流，骚人遥驻木兰舟。
春风无限潇湘意，欲采蘋花不自由。

春风和暖，潇湘两岸，芳草丛生，苹花盛开，朋友们能够于此时相见，应是极好，然而却办不到。无限相思而不能相见，就想到采蘋花以赠故人。然而，不要说相见没有自由，就是欲采蘋花相赠，也没有自由。没有自由的人，就如深陷池渊的蛟龙，难以施展博大的本领。就是这样一个治世之能臣，偌大朝堂却难以让他安身。即使他把柳州治理得再好，毕竟也是个戴罪之人。他的意识飘飘忽忽，又像是流连在永州的小石潭边游玩，而后他化身成无数个自己，每一个自己都坐在柳州的山峰上，一齐向着长安眺望……在浓得化不开的乡愁中，他带着对人生的蹉跎、岁月的无常、造化的弄人的无奈，离开了人世。这一天，元和十四年(819)十一月八日。

柳宗元虽为一州之长，为官清廉，家无遗财，死后无力治丧。他的灵柩被停放在他生前喜爱的罗池的西北侧。第二年，由他的上级、朋友裴行立筹措了丧葬费用，与柳宗元的表弟卢遵办理后事，于次年七月归葬万年县先人墓侧。柳州地方人士在停放灵柩的地方建了一座衣冠墓，对他寄以永远的怀念。

在柳州度过的余生最后的风雨四年里，柳宗元作为一个地方官，鞠躬尽瘁，用自己毕生的才华和心血，为当地人民铺筑了一条通往文明社会的大道。柳宗元在柳州的四年，从他个人的角度来说，是他政治生涯中令人叹息的结尾。但作为柳州历史上名垂青史的好官，他付出的精力和做出的贡献，却是令人怀念、不能遗忘的。柳宗元就像一根风中的残烛，顽强地燃烧自己，尽其所有的光芒，造福一方。

元和十四年的冬天，刘禹锡的母亲去世，他辞去连州刺史，扶母亲灵柩北归长安。当走到衡阳当年他与柳宗元分手的地方，正好与柳州来的递送讣告的信使相遇。他几乎不能相信信使带来的消息，他最好的朋友柳宗元辞世。母亲病重时，柳宗元还三次派人来连州打探病情慰问，如何一夜之间悄然而去。他抑制住悲伤，展开柳宗元的遗书，定了定神，勉强读下去，当读到柳宗元将儿子周六托付给自己抚养时，悲恸不已，半晌，他向着柳州方向揖手："子厚，我一定待周六如同己出，我也一定会把你的灵柩带回长安，葬在长安万年县你父母墓边上。你九泉之下有知，千万不必挂心！"悲伤过后，刘禹锡写了一封信给韩愈，托他为柳宗元写墓志铭，同时向韩泰、韩晔等人送去了讣告。

接到柳州来的讣告和刘禹锡在衡阳写的信时，韩愈正在离开贬所潮州（广州潮州）往另一贬所袁州（江西宜春）赴任的路上。数日前，他曾收到柳宗元的来信，信中柳宗元委托他日后为自己作墓志铭。万没料到，柳宗元去得这样快！韩愈读罢讣告，悲痛异常，马上写了祭文，派专人到柳州吊唁。等柳宗元次年七月归葬万年县后，他又寄去《柳子厚墓志铭》。韩愈赞叹柳宗元的文章及其为人，他知道，柳宗元的思想文学成就一定会光耀后世的！

魂栖柳州罗池庙

在柳宗元的所有故事中，罗池庙是最富传奇色彩的一个。这要从韩愈为柳宗元撰写的一篇文章《柳州罗池庙碑》说起。

在辞世的前一年，柳宗元已有预感，于是，他与手下三名武官谢宁、魏忠和欧阳翼约定：我明年去世，去世后会成为神仙，请你们三年后为我修一座祠庙，以后用来祭祀我。元和十四年(820)十一月八日，柳宗元果然辞世。

三年后，唐穆宗长庆三年(823)春夏之交，长安城中景色宜人，大街两旁，名园当中，牡丹花竞相开放，争奇斗艳，魏紫高贵娇娆，姚黄富贵自矜，白牡丹高洁赛雪，红牡丹鲜艳夺朱，绿牡丹晶莹如玉，各擅胜场，令人赏心悦目，流连忘返。就像这景致一样，韩愈最近一段时间心情也不错，自从去年到镇州安抚叛将王庭凑回来后，朝野一片赞美声，即便政敌对他也再无微词，经历过出生入死、临危不惧，总会令人刮目相看。这时的韩愈官居吏部侍郎，属于吏部的副长官，在官场中颇为稳定，没有风险。

这天早饭后，韩愈在书房刚刚开始准备读书，忽然门人来报，说柳州来的两位官员求见。一听说是柳州来的，韩愈急忙请进，心下想："老朋友子厚就葬在柳州，来者很有可能与子厚有关。"

来者正是柳宗元辞世前嘱托修祠庙的武官谢宁。谢宁向韩愈问过礼后，开门见山，说了想要请韩愈为祭祀柳宗元的罗池庙撰写碑文。

韩愈听后，问道："不知柳州百姓如何看待这件事？"

谢宁很动情地说："韩大人，我这次来，就是带着柳州百姓的嘱托而来的！柳大人常对我们说，他被贬柳州之后与在永州不同，在永州时，不过是个只拿工资没有行政权力，还时常受人监视的角色；可柳州的官职是刺史，是一个地方的行政长官，在不违背朝廷大政方针的前提下，可以按照自己的意志来管理一个地方。所以柳大人到了柳州后，把全部心血都倾注在那里，这四年来，解决了多少年来的陋习。柳州贫苦人家在欠对方钱到一定数量后便用小孩顶账，小孩便成为对方终身的奴仆，有的狠心的主人便把小男孩阉割了，毫无人性。仅此一件事，柳大人就功德无量。他还亲自勘察地形打井，让柳州百姓开始饮用清凉甜美的井水。柳大人视柳州百姓为亲人，柳州百姓对柳大人更是感恩戴德，说不出的亲切。柳大人虽然去世三年了，但直到今天，大家都记得他，正是有这样深厚的人气，才会有请您撰写碑文这一愿望啊！我是带着柳州人民的重托来求韩大人的！"听罢谢宁的陈述，韩愈百感交集，立刻答应给罗池庙撰写碑文。随即，他问谢宁道："但不知为什么要将祠庙建在罗池呢？"

谢宁道："其实，这是柳大人三年前就嘱托好了的。"

韩愈很疑惑，让谢宁细细讲来。谢宁回忆起三年前那个难忘的日子。

这一天，柳宗元同谢宁、魏忠及欧阳翼这三位下属在驿亭饮酒。唐代的驿亭就是各个地方政府的官方招待所，负责接待过往的官员和公差。柳州的驿亭当然也在柳宗元的领导之下。在自己一亩三分地里当然有绝对的权威，柳宗元点了几个好菜，要几壶好酒，与三位最贴心的下属武官就开怀畅饮起来。酒过三巡，菜过五味，柳宗元脸色微红，开始兴奋起来。三位军官也都喝到了兴奋点，几人开始推心置腹。柳宗元满腹感慨，说道："我柳某素有大志，要做一番大事业，不料被遗弃到这里来，自得寄身于柳州山水。我和你们仨最要好，是最知心兄弟，对吧？""对！对！我们就像当年的桃园结义一样，都是肝胆相照的弟兄！您的事就是我们的事！"三个人异口同声。"那好，我就说了。我明年必然会死，死后要成为这里的神灵。待我死后三年，你们要为我修庙，以后好用来祭祀我。"柳宗元声音低沉，望着三个人，几许迷茫，几许感伤，几许期望。三个人听完都愣在那，怎么也没有想到柳宗元托付的是这样的事。三人急忙一番安慰，说身体健康无恙，明年怎么会死云云。柳宗元摇头道："我的身体状况我自己最清楚，我的生命状态也是我自己最清楚。你们不要问我究竟，我只是感觉会这样。你们也不要说我能不能死，只说答应不答应我的要求吧。"三个人无话可说，急忙异口同声答应："柳大人放心，我们一定照办！"内心却不胜悲伤。

一年后，柳宗元果然去世。到了三年后的"孟秋辛卯"这一天，柳宗元的魂灵来到府衙的后堂，即武官们办公的地方，欧阳翼等几个人都看到，急忙向柳宗元下拜，几秒钟后，柳宗元的幻影就不见了。当天夜里，欧阳翼梦见了柳宗元，梦境十分清晰。柳宗元嘱咐他说："在罗池修建我的馆舍，让我永远居住在那里。"欧阳翼将自己的梦境告诉魏忠和谢宁，三人决定照办，就在罗池给柳宗元修建庙宇。三名武官在柳州也有一定的势力，而且其他地方官尤其是老百姓对于柳宗元感情非常深厚，听说要为柳宗元修庙宇，都非常踊跃，有钱的出钱，有力的出力。不到一个月，一个中等规模，很高雅别致的祭祀柳宗元的祠庙就建成了。欧阳翼三人是主要倡议者，见庙宇建成，选择一个良辰吉日举行建成大典。柳州官民军兵都来参加落成仪式。热闹的仪式刚刚结束，外地有个叫做李仪的小官路过这里，他根本想象不到当地人对于柳宗元的感情。感觉一个过世的官员，还是被贬的官员，值得为其修庙吗？又因为喝醉酒而在大堂上耍起酒疯来。磨磨唧唧的说些不三不四的话，对于柳宗元很不恭敬，对于这种做法也表示轻蔑。正当他大放厥词的时候，忽然抽起风来，嘴歪鼻邪，浑身哆嗦，脸上如同筛糠一般。人们急忙将其搀扶出去，谁知李仪刚刚出庙门就一命呜呼了。人们亲自看到了侮辱柳宗元，轻慢柳宗元庙宇者的下场，更加深信他们爱戴的柳宗元的神奇。因为唐代称呼地方长官为侯，因此便称柳宗元的庙宇叫做"柳侯祠"，因为地点在罗池，又称"罗池庙"。

这便是柳州提供的文字材料和来人口述的关于柳宗元死去以及修庙的经过。韩愈所写的碑文《柳州罗池庙碑记》将这些情节都写了进去。欧阳翼、魏忠和谢宁都是真实的姓名，而喝醉酒口中无德遭报应的李仪也是有名有姓，所以不可能为韩愈杜撰。也许有人会问：如此荒唐怪诞的事真的会发生吗？韩愈为什么将这样怪诞的事记入碑文中？当然事情的缘起还要追溯到欧阳翼三个人。至于柳宗元是否跟他们约定过死后要成神，三年后要修庙来祭祀他，实在是无法验证之事。而柳宗元降身在府衙的后堂，只有他们几个人看到的影像云云，夜晚托梦之事云云，恐怕连上帝都说不清楚。那么，柳宗元预测自己将死以及罗池庙的建立到底是怎么回事？如果推测的话，最合理的解释是：柳宗元在柳州勤政爱民，深得军民爱戴，死后人们对其怀念不已，三名军官代表最广大人民的意愿，要为这位把全部心血都贡献给柳州的好刺史修庙祭祀，于是编造一个优美感人的故事。如果不借助柳宗元尤其是灵魂的力量恐怕难以实现修庙的设想。欧阳翼等人将细节说得明明白白，韩愈当然便敢于写进碑文中。韩愈在文中这样说道："余谓柳侯生能泽其民，死能惊动祸福之，以食其土，可谓灵也已。作《迎享送神诗》遗柳民，俾歌以祀焉，而并刻之。"意思说，我认为柳宗元活着能够造福于当地百姓，解除民生疾苦，死后也能够惊动那里的百姓，并能够对其祸福产生影响，以在那方水土享受祭祀，接受人们的香火，也可以说很灵验。因此创作一首迎神、享神、送神的诗歌赠给柳州百姓，在祭祀的时候歌唱之，怀念之：

荔子丹兮蕉黄。杂肴蔬兮进侯堂。侯之船兮两旗。度中流兮风泊之。待侯不来兮不知我悲。侯乘驹兮入庙。慰我民兮不以笑。鹅之山兮柳之水。桂树团团兮白石齿齿。侯朝出游兮暮来归。春与猿吟兮秋鹤与飞。北方之人兮为侯是非。千秋万岁兮侯无我违。福我兮寿我。驱厉鬼兮山之左。下无苦湿兮高无干。粳稌充羡兮蛇蛟结蟠。我民报事兮无怠。其始自今兮钦于世世。

没错，柳宗元是永远地离去了，但他在柳州为民造福的功绩将伴随着韩愈撰写的这篇《柳州罗池庙碑记》流芳百世。魂栖柳州罗池，功在千秋百世；四载柳州刺史，名将永垂青史。正如柳州那首民歌的传唱："柳州柳刺史，种柳柳江边。柳色依然在，千株绿拂天。"连天绿柳，长绕柳江，依然倾洒着柳宗元为后世柳州人留下的万古长荫！

后　记

小时候听父亲讲历史故事，柳宗元一直以一个政治上的倒霉鬼形象出现在脑海中。父亲一再提醒，人要有政治上的“警觉”，不能像柳宗元一样，最终搞得自身不保，连家人也跟着受连累。而那首脍炙人口的《江雪》只作为毛笔习字的内容为我们这些孩子熟悉着，其丰富的内涵无从得知。

读硕士时，选择柳宗元、韦应物作为毕业论文研究的对象，又一次与柳宗元结缘。在细读柳宗元诗歌的过程中，也走进了他的心灵世界。他两度遭贬谪，远放永州和柳州，无法倾诉的寂寞在诗间流动，让人为之动容。《江雪》似乎勾画了这样一个无法触及的“寂寞场”，他是他自己的读者，倾诉与思考的对象都是他自己。

直到毕老师接下“唐宋八大家故事丛书”这一选题，最终决定由我来写柳宗元的故事，我再一次与柳宗元对话。真正了解一个人，懂得他的心，似乎总要经历一个漫长的过程。这一次，我分析了他的文章，了解了他的过往以及他生活的时代背景，尤其是“永贞革新”的经过。他的出生、少年、入仕、贬谪、离世，我一一走过。他对真理的追求、对正义的挑战，在一个渴求结果的人看来不过是一场玩笑，对于一个想要结果却惯于观望的人来说不过是一针打在精神上的鸡血。唯有那些敢于面对自己、最终成为自己的人，才会懂得他的所作所为。因为懂得，所以再读《江雪》时，不再一厢情愿地希望柳宗元放下与自己的对立，身心与万物和合。

本书的体例要求写故事，我首先要成为一个说故事的人，所以摒弃了很多无法成为故事的史料。我不知道我说的故事是否动听，只知道由我说柳宗元的故事给大家听，这是何其珍贵的缘分。我希望有机会再说得详细一些，动听一些。

在写作过程中，我参考了孙昌武《柳宗元评传》、翟满桂《一代宗师柳宗元》、刘柯《柳宗元》、杨伯《欲采蘋花不自由》等书，在此深表感谢。感谢长春出版社孙振波先生策划的这套选题，使我有机会在柳宗元的思想中徜徉，来去自如。

是为记。

尹　博

识于壬辰年孟秋